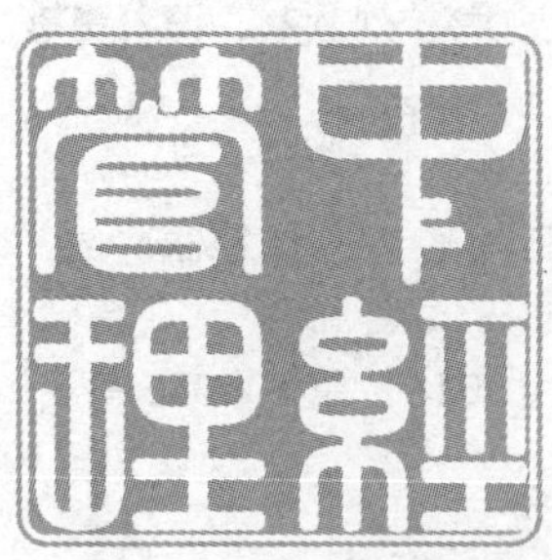

北京市社区体育设施现状与发展研究

The Suveys and Study on the Sports Facilities of Neighborhoods in Beijing

刘欣葵　谭善勇／著

北 京

图书在版编目（CIP）数据

北京市社区体育设施现状与发展研究/刘欣葵，谭善勇著．
北京：中国经济出版社，2014.4
ISBN 978－7－5136－2560－9

Ⅰ.①北…　Ⅱ.①刘…　②谭…　Ⅲ.①社区—体育器材—调查研究—北京市　Ⅳ.①G818.3

中国版本图书馆 CIP 数据核字（2013）第 109685 号

责任编辑　葛　晶
责任审读　霍宏涛
责任印制　马小宾
封面设计　华子图文

出版发行　中国经济出版社
印 刷 者　北京市媛明印刷厂
经 销 者　各地新华书店
开　　本　710mm×1000mm　1/16
印　　张　13.5
字　　数　197 千字
版　　次　2014 年 4 月第 1 版
印　　次　2014 年 4 月第 1 次
书　　号　ISBN 978－7－5136－2560－9/F·9771
定　　价　38.00 元

中国经济出版社　**网址**　www.economyph.com　**社址**　北京市西城区百万庄北街 3 号　**邮编**　100037
本版图书如存在印装质量问题，请与本社发行中心联系调换（联系电话：010－68319116）

目录
CONTENTS

第 1 篇

社区体育设施概述及国内外情况

第 1 章　社区体育设施综述

1952 年,在中华全国体育总会成立之前,毛泽东同志就为新中国体育工作题写了“发展体育运动,增强人民体质”12 个大字。毛主席的题词,把着眼点放在了增强人民群众的体质上,为新中国的体育事业揭开了新的一页。但是大众体育发展最好的阶段还是在 1978 年之后。随着国家改革开放的不断深入,作为城市体育发展重要环节之一的城市社区体育有了较大的发展。1995 年国务院《全民健身计划纲要》的提出及房地产业的快速发展,城市社区配套体育设施建设问题越来越引起了社会的关注。北京奥运行动规划指出:2005 年北京人均体育面积达到 1.1 平方米,2008 年达到 1.2 平方米,常住人口中每 2350 个市民拥有一处“全民健身工程”。为了实现这一目标,国家体育总局和北京市体育局投入大量体育彩票公益金。

城市社区在多大程度上能够满足人们的多样化需求是关系到人们生活质量的一个重要方面,其体育设施是否能够满足人们的健身需求,就能反映出一个城市的大众体育事业的发展情况。北京是我国的首都,也是全国城市社区体育开展得较早且效果较好的地区之一。

1.1　社区体育、社区体育设施

1.1.1　社区体育

社区体育主要是指在街道办事处或居民委员会的辖区内,以自然环境和体育设施为物质基础,以全体社区成员为主要对象,以满足社区成员的体育健身活动需求,增强社区成员的身心健康为主要目的,就地就近开展的区域性群众活动。

社区体育是我国体育事业的重要组成部分,直接关系到全国大多数城市人口的体格健美、身心健康与快乐幸福的生活,同时与国家的稳定和社会繁荣昌盛有着密切联系。因此,社区体育也必然成为一个国家社会制度优越与否和民族文明程度高低的重要标志。而深入持久地开展社区体育实践,必然对我国社会主义物质文明和精神文明建设产生积极的现实作用和深远影响。

1. 社区体育的作用

第一,能有效地帮助居民锻炼身体,使其体格健壮、体态优美,形成并保持各种良好的身体机能,增强体力;第二,能有效地帮助居民保持头脑清醒、思维敏捷,有利于提高居民的生产效率和生活质量;第三,能有效地促进居民健心,调节与消除各种不良情绪,促进人际交往,增进彼此的了解,加深彼此的友谊,使人们精神更美好、生活更快乐;第四,能有效地丰富社区文化生活,提高居民体育文化素质,有利于移风易俗,建立健康的生活方式,促进精神文明建设。

2. 社区体育的特点

第一,健美性与娱乐性。社区体育的主要对象是成年人,而成年人参与体育锻炼的目的,既不是为了提高运动技术水平当运动员,也不是为了促进自身的生长发育。成年人进行体育锻炼的目的,是为了使自身身体健康、形体美、姿态美等。事实上,考察成年人参加体育活动时的动机亦不难发现,或为了强身健体,或为了美形、美姿、美态、美化动作,或为了玩一玩,即图个心情舒畅、精神愉悦。有时动机单一,有时多位一体,相得益彰,完全由具体的人、具体的内容与形式、具体的特定环境来决定。换言之,离开了上述动机与目的,成年人一般是不会过问体育的。这就决定了社区体育必须具有健美性与娱乐性的特点,并以此区别于其他社区文化现象,决定其独特的社会地位。

第二,自控性与个人针对性。社区体育的实践活动,是成年人在其业余时间,自愿自觉、主动坚持的基础上展开的。由于社区所辖成年人中,种族、性别、年龄、职业、生活习惯、兴趣爱好、体质情况、个人需求、业余时间以及所处的地位、社会环境等均存在差异,这就给社区体育实践中集体性活动的组织与实践带来了极大困难。因此,社区成年人主要表现为针对个人体质、健康、需求、心情、兴趣爱好及特长等具体情况，选择合适的内容与形式，在允许的时间与环境条件下自我调控。换言之，虽然成年人所处的社区也不时地组织开展一些集体性体育活动，激发人们的兴趣与热情，交流体育信息，推动社区体育工作的开展。但在大多数情况下，对于绝大多数的成年人，进行体育锻炼，则主要不是依靠他人控制（即他控性），而是靠自我调节与控制来实现。

第三，随意性与自觉性。社区体育的对象极其复杂，内容极其丰富，形式不拘一格、千变万化。因此，反映其实施过程十分复杂，难于集中统一，必然灵活分散，而对于社区成员中的个体而言则显得十分随意，其前提自然是人们的自觉性。换言之，在社区的每一个角落，凡有人群的地方，无论是在体育场馆、公园绿地，还是在高山草原、江河湖海；也无论是在厂矿机关，还是街道、乡村，只要人们具有浓烈的健身意识，就可随意选择与之相应的内容及形式进行身体锻炼。因此，随意性与自觉性也是社区体育的显著特点之一。

1.1.2　社区体育设施

社区体育设施主要是指用于社区居民开展群众健身并满足其使用要求的场地、建筑物和相关固定附属设备。具体而言，室外体育设施包括活动场地、专业运动场、足球场、羽毛球场等；室内体育设施包括健身房、棋牌室、乒乓球室、游泳池等。

作为公共物品的社区体育设施

公共物品具有两大主要特征——非排他性和非竞争性。物品是否具有消费的排他性和竞争性，是判断公共物品和私人物品的两个标准。

非排他性指公共物品一旦被提供，便有众多的受益者共同消费这一物品，要将其中的任何人排除在外是不可能或无效率的。这种非排他性包含三层含义：①任何人都不可能禁止别人消费它，即使有些人有心独占对它的消费，但要么在技术上不可能，要么成本过高；②任何一个人自己不得不消费它，即使有些人可能不情愿，但却无法对这种消费加以拒绝；③任何人都可以恰好消费相同的数量（如果在某人消费之后，别人消费的可能性减少了，那么就等于部分地排他了）。

非竞争性指一种公共物品一旦被提供，一个人对这种物品的消费并不会减少其他任何人对同一物品的消费机会和消费数量。非竞争性是由利益的不可分割性决定的，这使得增加一名消费者的边际成本为零。当一种公共物品提供给所有的社会成员消费时，只要某个人消费该物品的边际成本为零，排除任何一个能从中享受边际利益的人，都会违背帕累托最优原则。

除了以上的两个基本特征外，公共物品还具有其他一些特征：规模效益大；初始投资大，经营成本小；生产具有自然垄断性；不易对消费者收费，或者收费本身所需成本过高；其消费具有社会文化价值。

根据以上理论，我们发现社区体育设施并不是一种纯公共物品，因为其有限的数量，决定了社区体育设施具有竞争性，但并不能排除社区内的任一成员享用它，即具有非排他性，所有我们可以认为社区体育设施属于公共资源。

建设社区体育设施的初衷应是服务于大众，但是由于其有限的数量及种类，使得是否是在免费使用的情况下都会产生“搭便车”[①]问题。这时，追求利润最大化的生产者就不具有提供公共物品的动机和激励，因为他一旦提供了这种产品，就无法排除不付费的搭便车者对该产品的消费。如果使公共物品能够有效率地生产就必须由政府补助或者政府提供。

在现阶段，我国的社区中普遍存在着体育设施缺乏的现象，这使得无法满足大部分居民进行体育锻炼的愿望，这也要求政府必须在社区体育设施的建设中扮演更为重要的角色，积极加大投入，使我国社区体育设施建设有效率地进行。

1.1.3 社区居民可享用体育设施

本书界定的社区居民可享用体育设施，是指某一社区范围内的居民可以使用的本社区或居住区的体育设施，以及步行 30 分钟范围内可使用的公共体育设施或经营性体育设施。

社区居民可享用体育设施包括四类：

(1)街道和社区居委会所属(含所有、所用、所管)体育设施，是指街道和社区居委会通过社区建设配套资金或其他资金建设、租用的体育设施，以及代为管理的体育设施，包括社区活动中心的体育设施，通过体育彩票公益金建设的健身路径和健身场等。

---

① 所谓“搭便车”问题是指某种事情产生了正外部性，使得每个人不管付费与否以及付费多少，都能得到相同数量的公共物品，所以具备刺激因素使每个人都这么做，都成了免费搭车者。

(2)社区配建体育设施,是指随着社区建设而配套建设的社区内的体育设施,包括会所、社区内的室外体育设施及室内体育设施。

(3)公共体育设施,是指距离社区的主要居住区20~30分钟步行时间的中央所属、市属、区县所属的各类体育场馆和学校的体育设施。

(4)其他经营性体育设施,是指除以上体育设施之外,以社会化、市场化运作,以营利为目的,以企业为主体的经营性的体育设施。

1.2　国内外社区体育设施发展概况

1.2.1　国内社区体育设施发展概况

我国社区体育的概念始于20世纪80年代末[①],在改革开放以前,没有严格意义上的社区体育。随着社区体育的兴起,社区体育设施的建设也不断完善,并取得了卓越的成绩。1986年,原城乡建设环保部与国家体育运动委员会联合颁布《城市公共体育运动设施用地定额指标暂行规定》,指出:城市居民居住区和小区一级的体育设施应为每千人200~300平方米;1995年国务院推出的《全民健身计划纲要》第五条规定:"到本世纪末,经济、社会和体育发展程度不同的各类地区,经常参加体育活动的人数都有所增长,人民体质明显增强,群众参加体育活动的时间、体育消费额等逐步扩大,群众体育健身活动环境和条件有较大的改善。"把全民健身作为一项基本国策,带动了大众体育以及社区体育的发展。随后与体育产业发展有关的涉及体育及体育设施、体育竞赛和体育经营管理活动方面的地方性法规和规章陆续出台。《2001—2010年体育改革与发展纲要》的颁布,明确了我国的城市体育以社区体育为主,确立了社区体育的位置,并要求高度重视社区体育设施的规划和建设,为社区体育设施的发展提供了坚实的法律保障。总而言之,改革开放30多年来,我国社区体育设施的建设在质量和数量上都取得了长足进步,设施普及率有了显著提高。据全国第五次体育场地普查数据(截至2003年12月)显示,我国人均体育场地面积为1.03平方米,与第四次全国体育场地普查(截至1995年12月)的数据相比,人均增加了0.38平方米,增长率为58.5%,其中住宅小区的体育设施数量为39477个,占总数的

---

① 张吉慧,王剑.我国社区体育场地建设与社区体育的发展[J].体育文化导刊,2007(6).

4.86%。虽然在很多方面与发达国家还存在差距,但仍然不能否认我国改革开放以来城市社区体育设施取得的巨大成就。①

发展至今,我国社区体育设施建设大致可分为以下四种模式:

第一,住宅小区中的“全民建设工程”。自1995年《全民健身计划纲要》颁布以来,为了适应全民健身运动的发展,全国各地通过政府投资、体彩筹资、社会集资等各种方式新建了许多社区体育休闲健身设施,这其中包括大量的“全民健身园地”、“健身路径”等工程。

第二,城市社区中的“体育俱乐部”、“健身活动中心”等较具规模的综合性体育娱乐设施。这种模式一般出现在社区服务较发达的城市社区,可以满足社区多层次的体育需求。

第三,以体育文化为导向的“奥林匹克花园”社区。“奥林匹克花园”社区创建于1999年的广州奥林匹克花园,历时8年发展,这种“以人为本”的社区开发理念和鲜明的体育主题获得了相关专业人士的肯定和认同。截止到2006年10月,“奥林匹克花园”社区的这种连锁格局已经覆盖了16个省、4个直辖市,共计43个项目。“奥林匹克花园”是第一个以全民健身为主导方向的“体育主题社区”。运动成为社区生活的主旋律,开设了网球、篮球、羽毛球、保龄球、游泳、攀岩、溜冰等项目,并设有专业的指导人员。②

第四,集阳光、空气、绿化、自然环境、环保建材、休闲娱乐、体育锻炼于一体的“健康社区”。仲继寿(2004)提出:“从健康的理念出发,结合社区的实际情况,构筑社区的五大体系——健身体系、保健体系、公共卫生体系、文化教育体系、社会保险体系。”其中的健身体系是指利用社区体育设施,引导和吸引社区居民参与健身活动。

可见,社区体育设施建设是健康住宅的基础工作中重要的环节。③

1.2.2 国外社区体育设施发展概况

相对于我国来说,发达国家由于社区体育产生早、发展快,社区体育设施相对比较完善,基本能够满足居民的需求。

1885年,波士顿的一个教区内设置了一个儿童游戏沙坑,这成为最初具

① 黄兆生.城市社区体育设施规划与设计策略研究——以重庆为例[D].重庆:重庆大学建筑城规学院,2010:30-31.

② 郑皓怀.城市社区体育设施建设研究[D].上海:同济大学建筑与城市规划学院,2008:40-43.

③ 郑皓怀.城市社区体育设施建设研究[D].上海:同济大学建筑与城市规划学院,2008:40-43.

有现代意义的社区体育设施的形式。[①] 1929 年，由佩里提出的“邻里单位”居住区规划理论，第一次提出将运动场地列入居住区生活服务设施的范围内，其中规定用地的 40% 为运动场地和绿地。[②] 由此社区体育设施的概念逐渐形成。

美国是目前社区体育设施最为发达的国家之一。美国政府历来十分重视社区体育设施的建设，50 个州的法律都规定：“社区政府可单独与有关机构合作，修建和拥有社区体育场地设施”，“为修建社区体育场地设施，社区政府可通过购买、赞助、赠送、特许等方法获取土地”，即使在 1932—1937 年的大萧条时期，美国政府仍然投资 15 亿美元用于社区体育设施建设。[③] “二战”以后，美国政府分别颁布和制定相关法律，规定社区体育中心的基本标准，并通过拨出专款和建立相关基金的方式投资社区体育中心的建设。在美国，几乎每个社区都有自己的社区活动中心。在美国社区体育设施体系中，社区公园体育设施占据重要地位。美国国家公园服务部和美国森林服务部通过第 66 号命令规定了社区公园体育配套设施的标准，美国“健康公民 2000 年”（Healthy people 2000）又把增加社区体育中心的数量作为一个重要指标。其中规定：至 2000 年，美国社区每 25000 人要建一个公共游泳池，每 1000 人要建 4 英亩开放的休闲公园，这些指标在 1996 年就已提前实现。[④]

日本政府在 1964 年东京奥运会以后，积极调整体育发展战略，从竞技体育向大众体育转移。在广泛调研全国社区体育设施的基础上，日本文部省分别于 1972 年、1989 年颁布了《关于普及振兴体育运动的基本计划》和《关于面向 21 世纪体育振兴计划》，按照不同时期的建设特点采取不同的措施，并对不同人口规模的社区体育场馆配套标准作出规定，指导全国社区体育设施的建设。2000 年，日本文部省又提出了《振兴体育计划》，将群众体育政

---

① 李艾芳，李海娜，王冰冰．居住社区体育设施规划设计的策略研究[J]．北京工业大学学报，2007(2)．

② 李海娜．城市社区体育设施规划设计研究[D]．北京：北京工业大学，2006.

③ 何文璐，张文亮．“健康公民”的美国社区体育设施[J]．环球体育市场．2009(4)：24

④ U. 5. Department of Health and Humanserviees. Healthy People 2000 Review 1998 – 1999 [M] . 2000.

策的重心由完善体育设施转移到体育活动组织上来。①

英国体育理事会在20世纪80年代中期制定了英国社区体育中心的基本标准,要求每25000人的社区就要建设一个社区体育中心。英国社区体育中心包括村镇与社区厅和社区体育厅。英国村镇与社区厅可以开展体育活动,同时也可以举办经常性的社会文化和艺术活动。社区体育厅是专门为开展社区体育活动而建设的体育中心。英国社区体育厅组织的体育活动内容比村镇和社区厅更加丰富,据英国体育理事会2001年的调查,英国社区体育厅开展的体育活动达150多种。②

德国的体育设施建设可以用三个“黄金计划”和“东部黄金计划”来归纳。1960年,联邦德国批准实施了由德国奥委会提出的第一个《黄金计划》,对西德的体育场地设施进行了统计,并制定了社区体育设施的配套标准,投资额为185亿马克。第二个《黄金计划》始于1976年,投资额为76亿马克。第三个《黄金计划》始于1985年,投资额近150亿马克。1990年两德统一后,德国又提出了《东部黄金计划》,主要用于推动德国东部各州和柏林东部地区的基层体育设施的重建、扩建和改造。③

澳大利亚于1996年颁布了《活跃澳大利亚计划》文件,动员国民参与体育运动,由相关部门负责社区体育设施的建设。2000年,澳大利亚又颁布了《澳式体育计划》,对大众体育设施的建设进行指导。

新加坡1975年由体育理事会、教育部、国防部、园林署和人民协会等15个部门联合制定、实施了体育设施蓝图计划,在全国修建15个社区体育中心,规定20万人左右的居民区,必须建有一个社区体育中心。④

韩国从20世纪80年代以来,兴建体育设施热潮至今不衰。中央对地方的体育设施有总体规划,为调动地方政府建设体育馆的积极性,按情况给予30%~50%的经费补助;政府在金融、税收、价格、土地征用等方面采取有力措施进行扶持。1996年韩国政府中央财政体育支出638亿韩元,其中用于

① 黄兆生. 城市社区体育设施规划与设计策略研究——以重庆为例[D]. 重庆:重庆大学建筑城规学院,2010.

② DAVIDC. Watt. Sports Management and Administratio[M]. E&FNSpon,1998.

③ 黄兆生. 城市社区体育设施规划与设计策略研究——以重庆为例[D]. 重庆:重庆大学建筑城规学院,2010:21.

④ 常媛媛. 北京城市社区体育设施现状研究[D]. 北京:首都体育学院,2008:6.

生活体育体育场馆建设 150 亿韩元。①

1.3　加强社区体育设施建设的意义

加强体育锻炼可以有效地提高国民素质，以社区为单位推行体育锻炼已经是大势所趋，因此，加强社区体育设施建设具有重要的意义。

1.3.1　我国社区体育设施存在的问题

1.3.1.1　数量少，质量差

由于我国社区体育发展起步较晚，加之经济发展水平和社会体制的制约，社区体育设施的建设没有引起足够的重视，导致城市社区体育设施数量和质量的不足。造成这种状况既有社区发展滞后，历史欠账太多的原因，又有城建规划不配套，规划不落实的原因，居民对社区体育设施的满意程度很低。当前社区中体育娱乐场地被占用的情况也十分严重，这给本来就为数不多的体育设施雪上加霜。此外，许多新建小区的文体设施和商业设施的比例严重失衡，地产开发商只顾盲目追求经济利益。已有体育设施的小区由于缺乏监管和资金，致使体育设施得不到妥善的更新和维护，很多健身器材年久失修，存在严重的安全隐患。

1.3.1.2　体育设施资源浪费

社区内的学校或者单位大多拥有相对优质的体育设施资源，但由于封闭管理，这些资源得不到社区内共享，尤其是节假日，学校或是单位的体育设施得不到充分的利用，因此处于闲置状态，形成了资源浪费与缺乏共存的局面。

1.3.2　社区体育设施建设的意义

中华体育精神是我国社会主义精神文明建设的一个重要组成部分，而发展体育的物质基础在于基本的体育设施建设。党在十四届六中全会公报《中共中央关于加强社会主义精神文明建设若干重要问题的决议》中指出："建设社会主义精神文明要有物质保证。没有必要的物质保证，精神文明建设的许多任务就难以落实。"文件中还明确要求，必须增大精神文明建设的

① 中国体育咨询网 . 2006. 11. 23http://www. sportinfo. net. cn/show/title. asp? TID = 20118.

投资。因此,加强城市生活社区体育设施建设是十分必要的。

另外,体育是具有系统规则的、竞争性的人类活动,充分体现了人本理念。它不但满足不同社会阶层,不同年龄、性别的人的要求,还对加强人际关系,增加群体凝聚力和认同感,促进睦邻和谐和社区文化建设,提高居民文明修养,减少社会不安定因素有着不可估量的作用。尤其是在当代社会生活节奏加快、人际关系紧张、电视文化和网络文化日趋发达而社区文化相对脆弱的情况下,以群体活动为基础的体育文娱活动对活跃人际关系、调节生活节奏、促进社区文化建设具有重要的意义。①

1.3.3 社区体育设施的管理

体育设施的建设意义重大,需要对其进行正确的管理。本书主张借鉴公共管理理论对社区体育设施进行管理。

1. 公共管理理论

现代城市公共管理,被认为是“城市政府、市场和其他城市利益相关者以城市的长期稳定、协调发展和良性运行为目标,以城市为管理对象,对城市规划、建设、发展的全面过程和运行的有机协调;是在市场机制调节的基础上,运用一定的城市治理制度安排和体现先进水平的科技手段互动合作,整合城市人、财、物、信息等各种资源,实现城市高效协调运行和各项功能正常发挥,促进城市经济、社会和环境和谐发展,促进城市社会与人类健康发展的创造性活动”。城市公共管理本质上属于较高层级的“政府公共管理”,其目标定位应是以人为本,以城市和谐稳定为目标,设计相宜的体制机制,合理利用科学的技术手段,实现城市经济、社会与环境的协调发展。

从20世纪70年代开始,一股新部门管理改革浪潮席卷包括发达国家、转型国家及发展中国家在内的世界各国,引发了新公共管理理论的兴起和发展。新公共管理理论是以经济学为基础,以政府市场的协调为核心的公共管理理论。它自20世纪80年代在英、美两国应运而生后迅速扩展到西方各国,成为近年来西方公共行政理论中一个有巨大影响的流派。特别是近年来,新公共管理理论成为西方政府政策的主导思路,众多的管理学家们甚至将新公共管理理论作为拯救政府失灵的一剂灵丹妙药。

作为一种旨在“解决公共问题,实现公共利益,运用公共权力对公共事

① 杜建辉,张启明.社区体育设施建设与社会体育发展[J].武汉化工学院学报,2005,27(6):92.

务施加管理的社会活动”，新公共管理理论理念主要表现如下：

第一，以效益为主要的价值取向。新公共管理理论根据交易成本理论，认为政府重视的不是管理中严格的程序、过程、规章制度等，而是管理活动的产出与绩效，应关心公共部门直接提供服务的效率与质量，能够主动、灵活、低成本地对外界情况的变化以及不同的利益需求做出有成效的反应。

第二，建立企业式政府和以顾客为导向的政府。新公共管理以公共选择理论等作为基础，认为政府与社会的关系中，政府不应该是一个高高在上的机构，主张建立一个“企业式的政府”。一个政府官员相应地应成为一个负责任的“企业家”或“企业管理人员”，社会公众则是因向政府纳税而享受政府服务作为回报的“顾客”。一个好政府应该是一个企业家式的政府，应该是一个能够提供较高服务效率的政府。为了实现这一目标，政府就理所当然要以服务对象为顾客，把顾客当作上帝，政府服务应该以顾客的需要或市场的需要为导向。

第三，引入市场机制。我们说政府理所当然是公共服务的提供者，但这并不就意味着所有的公共服务都应该由政府来提供，对于公共服务的垄断性应该给予逐渐取消，让更多的私营部门参与公共服务的供给，通过这种把竞争机制引入到政府公共管理中的做法，来提高服务的质量与效率。

2. 社区体育设施的管理

近几年，随着我国倡导全民健身运动的开展，社区体育设施建设蓬勃兴起，但是对于社区体育设施的管理无疑存在着很多问题，如何有效地管理才能使社区体育设施的价值最大化，借鉴城市公共管理理论进行指导是十分必要的，实现社区体育设施公共管理社会化模式是势在必行的。实现社会化管理模式，对各类社区体育设施如何管理，关键是政府要划清社区体育设施管理范围，明确职责。就目前社区体育设施建设，职能转移是服务型政府的必然要求，能否真正地实现，最为重要的是政府找到承接服务与管理功能的具体载体。根据新公共管理理论提出了公共部门进行专业管理的需要，对社区体育设施必须实施专业化管理服务。政府在社区的建设中，对于体育设施的建设必须做出明确的规定并有效地监督，赋予居委会及街道办事处一定的权力，调动社区居民参与管理的积极性，实现社区体育设施公共管理的社会化。当前尤其缺乏对于社区体育设施建设的必要监督及维护，因而使居委会及街道办事处对社区体育设施的建设及维护具有管理职能，形成政府相关部门和居委会及街道办事处的双重管理、凝聚社区居民渴望进行体育锻炼的强烈愿望是实现体育公共管理社会化的前提。目前权力划分不明确、相关监督不力及社区居民参与管理不够是制约实施对社区体育设施社会化管理的主要障碍。

因此,当前情况下,我国社区体育设施的管理体制必须向体育公共服务体制转变,结合政府与居委会、街道办事处的管理,鼓励社区居民积极参与。在具体实施和培育中,应主动借鉴新公共管理理论给予理论指导,该理论对社区体育设施的管理建设有着现实指导意义。

第 2 章　北京城市社区体育建设回顾与展望

2.1　北京城市社区体育建设的背景

2.1.1　后工业化社会与北京世界城市建设目标

后工业化社会是指在基本完成工业化和城市化进程后,社会进一步发展所呈现出与工业社会不同的诸多新特征的社会形态。在后工业化社会中,社会由物质消费型逐步转向文化与体育消费型,休闲文化、娱乐文化、体育文化广泛普及,大众体育、社区体育活动将成为常态。

在这种背景下,北京首次提出建设“世界城市”的目标。按照总体部署,北京要在 2050 年左右,建设成为经济、社会、生态全面协调、可持续发展的城市,进入世界城市行列。而要做到这一点,搞好北京的体育设施建设也是非常重要的基础工作之一。

2.1.2　北京前世界城市时期的社区嬗变与工作进展

2.1.2.1　城市社区走向及规模变化

随着城市的发展,城市社区也出现了一些变化。2000 年 11 月中共中央办公厅、国务院办公厅转发《民政部关于在全国推进城市社区建设的意见》以后,通过社区体制改革,基本确立了以社区为基础的城市社会管理的框架。改革的思路之一就是将组织机构分散的、规模很小的居民委员会改造成居民人数较多的,资源比较充分的城市社区。北京在进入后工业化社会以后,城市社区也随之发生了相应的变化,除了规模发生变化之外,社区功能也由单一的居住、生活功能,转变为文化休闲、体育锻炼等为一体的综合聚集区。

2.1.2.2 社会及人员结构发生一定的变化

与此同时,改革开放以来,社会结构的变化日益显现。社会阶层的分化正处于上升时期,很多阶层并没有"定型"和固化,并且不断出现新兴阶层。另外,各个阶层的收入差距有进一步拉大的趋势。人员结构也有很大的变化,人口老龄化态势严重,65 岁及以上人口超过 10%。

北京统计年鉴 2010 年的数据显示:2009 年,北京市 60 岁及以上的人口占抽样人口的 14.1%,65 岁及以上的人口占抽样人口的 10.2%。这样的老龄化城市社会,必然要求有更多的社区体育设施供他们日常体育锻炼。

2.1.2.3 社区建设及服务已经提上日常日程

后工业化社会的北京经济成分、生活方式、社会组织形式和就业形式的日益多样化,越来越多的"单位人"转为"社会人",大量退休人员、下岗失业人员和流动人员进入社区,社区居民群众的物质、文化、生活需求日益呈现出多样化、多层次的趋势,经济社会的发展和居民群众的多方面需要给社区服务(包括社区体育服务)提出了更高、更多新要求。

北京市十分注重社区工作,及时设立社会建设工作办公室(简称市社会办)和市委社会工作委员会(简称市委社会工委)。两部门力争用 3 ~ 5 年的时间,在全市基本实现社区基本公共服务,包括社区文化教育体育服务的全覆盖。由此可见,建设社区体育设施,提供社区体育服务,丰富社区居民的日常生活内容,促进人民群众的身体健康,不仅是市体育局的事情,也是市社会办等各个政府部门的工作。抓好这项工作,不仅是时代的要求,更有民意基础。

2.2 北京努力建设国际体育中心城市的实践

早在 2003 年,北京就提出要在几年内创建国际化体育中心城市的目标。随着北京 2008 年奥运会的成功举办,实现这一目标更是迫在眉睫。北京市正在利用奥运财富,全面推动体育文化教育各项事业的发展,积极争取举办更多的体育赛事、活动和会议,从而全面提升北京的国际化水平。

2.2.1 奥运体育场馆的建设与功能调整

2008 年奥运会在北京举行,共设立了 31 个比赛场馆,其中新建了 20 个

(包含 8 个临时赛场),改扩建 11 个,分布在一个主中心外加三个区域。主中心区“奥林匹克公园”,包括主场馆“鸟巢”和“水立方”。“西部片区”包括多个场馆,其中新建五棵松文化体育中心。“大学区”设首都体育馆等场馆。“北京风景旅游区”设顺义奥林匹克公园等场馆。扩建工人体育场等 4 个场馆。

奥运之后,北京市首先对“鸟巢”和“水立方”进行了改造。目前,“奥林匹克公园”已经成为集旅游、体育、文化、教育、休闲、会展等多功能为一体的综合性体育中心。这些体育场馆对于促进北京市的群众体育或社区体育也起到了一定的作用。

2.2.2　社区体育开展得如火如荼

目前,北京市社区体育组织初具规模。首先,配备了相应数量的健身设施。至 2008 年,更新了 50% 以上全民健身设施使用的器械。其次,建立国民体质检测站,目前全市各个街道办事处均建有国民体质检测站,并已对其中的 50 个检测站进行了设备更新。2005 年我市体育人口达到了 50%,其中城区体育人口达到了 55%,到 2008 年达到了 60%。2010 年达到了 70% 左右,国民体质测试合格率有望达到 80% 以上。第三,有一定数量的社会体育指导员从事健身指导工作。第四,开展了有规模的群体活动,北京市积极探索推广易于开展、小型实用、健康文明的体育健身方法,不断推出适应群众健身需要的活动组织形式;第五,制定系列规划,开展体育文化与宣传活动。北京市从 1995 年开始开展全民健身宣传周活动,“健身周”活动带动了群众体育的发展,拉动了体育经济,促进了全民健身服务业的发展与完善。

2.3　北京城市体育设施建设情况回顾

2.3.1　北京市体育设施的规划类型和等级结构

从体育设施的规划和建设安排上看,北京市的体育设施划分为体育中心区、公共体育设施、学校体育设施、竞技及训练体育设施、经营性体育设施这几种类型。其中公共体育设施又划分为国家级、市级、区县级、社区级体育设施这四个等级。在《北京城市城市总体规划(2004—2020 年)》和体育专项规划中,对上述类型和等级的安排如下:

1. 体育中心区

规划在奥林匹克公园、五棵松、工人体育场等地形成大型体育设施集中区域，以体育功能为主的城市综合活动中心。

2. 公共体育设施

分为国家级、市级、区县级、社区级体育设施。国家级和市级体育设施经奥运会设施建设，已经基本达到国际先进、国内一流城市的水平。

区县级体育中心的基本标准：县体育中心应建有塑胶400米跑道田径场（含草坪足球场）、体育馆、游泳馆、网球场（馆）；要有设施完备的田径场、室内训练房、室外游泳场、网球场等设施。区县体育中心用地规模一般为15～20公顷。

社区体育设施：按照新修订的《北京市居住区公共服务设施规划设计指标》配置，如3万～5万人规模的居住区的千人指标是：室内文体活动中心建筑面积200平方米/千人，室外文体活动场用地面积400～450平方米/千人。

3. 学校体育设施

一是按照中小学的办学规模和体育设施的标准，建有田径场和标准的400米跑道，以及体育场馆。二是大学配建的综合性和专业性体育场馆和场地。

4. 竞技体育设施

用于竞技体育训练的体育设施，如芦城（大兴区）和木樨园竞技体育训练基地，是集训练、教育、科研、医疗于一体的竞技体育基地。

5. 经营性体育设施

由市场主体经营的体育设施，如健身俱乐部、台球厅等。这类设施并没有纳入规划安排。

2.3.2 北京市大型公共体育设施和专业场馆建设的历史回顾

北京市城市规划对于大型公共体育设施用地的安排历史较早。1953年颁布的《改建与扩建北京市规划草案要点》中提出：在城市的北部、西北部、西部、东部和东南部，均设有体育设施用地。在城区结合公园绿地首先修建了劳动人民文化宫体育场、东长安街体育场、北海体育场及什刹海人民游泳池。

1958年《北京城市规划初步方案》研究了在西北部、西部、西南部、南部和东部保留了大型体育设施发展用地的可能。

第一个五年计划期间，北京市新建了北京体育馆和陶然亭游泳场，并扩建了先农坛体育场。1958 年为庆祝国庆十周年、迎接第一届全国运动会和 26 届世界乒乓球锦标赛，在三里屯兴建了北京工人体育场和北京工人体育馆。此外，还在崇文区（现划入东城区）和石景山区兴建了自行车和摩托车赛车场，以及西山射击场等。

20 世纪 60 年代初期和中期，为迎接第二届世界新兴力量运动会，新建了首都体育馆和怀柔水上运动场，并相应兴建了月坛、宣武、石景山等区县级体育场馆。

1973 年《北京市建设总体规划方案》研究了北郊北中轴地区（安立路以西，德清公路以东）的土地使用功能，并初步确认为国家奥林匹克体育中心、大型文化设施中心和国际会议中心的规划预留地。

1975 年建成崇文区（现划入东城区）体育馆路的国家体委跳水、体操和羽毛球馆，同年建成西郊射击场内的体委室内气枪靶场，1979 年建成西郊八大处的北京军区体育馆。

1983 年《北京城市建设总体规划方案》确定了国家级和市级大型体育活动中心 4 处，即北郊国家奥林匹克体育中心规划用地 126 公顷；西郊五棵松体育中心规划预留地 70 公顷；南郊木樨园体育中心规划用地 25 ~ 30 公顷；东郊朝外大街已建成的工人体育场、体育馆占地 42 公顷。

1984 年，北京市筹办第十一届亚运会（1990 年），到 1989 年以国家奥林匹克体育中心为重点，新建 20 个、改建 13 个体育场馆，总建筑面积约 43. 7 万平方米。亚运建筑采取了集中与分散相结合，以分散为主的布局方式，在北中轴延长线上集中建设了亚运工程。国家奥林匹克体育中心规划占地 120 公顷。“中心一期”（即亚运工程）占地面积 66 公顷。其他地区建设了西二环路的月坛体育馆、安定门外大街的地坛体育馆、北三环路的北京大学生体育馆、姚家园路的朝阳体育馆、木樨园的光彩体育馆、万泉河的海淀体育馆、石景山路的石景山体育馆、西南郊四环路岔路口的丰台体育中心等。

1993 年《北京城市总体规划（1991—2010 年）》，把“建设市区北部奥林匹克体育中心、西郊五棵松 21 世纪体育中心和其他场馆，以及相应的配套设施和基础设施工程”列入近期建设规划中。2001 年建成了第二十一届世界大学生运动会体育设施。

根据 2005 年北京市第五次全国体育场地普查的结果，北京市共有 6100

个。截止到2003年末北京市常住人口1456万人，除铁路、解放军、武警系统外共有符合普查要求的各类体育场地12106个，人均8.3个/万人，其中甲类标准场地6100个，人均4.2个/万人，乙类非标准场地6006个(另有被占场地1个)，人均4.1个/万人，占地面积4497.1万平方米，人均3.1平方米/人，建筑面积376.6万平方米，人均0.26平方米/人，场地面积3191.7万平方米，人均2.2平方米/人，总投资141.5亿元，人均975.9元/人。

为举办2008年奥运会，北京实施了大规模的体育场馆建设，总投资达130亿元。北京奥运会新建场馆12个，新增建筑面积71.8万平方米；改扩建场馆11个，总建筑面积33.4万平方米，其中新增建筑面积4.8万平方米，两项累计新增体育场馆建筑面积76.6万平方米。以2008年末全市户籍人口1229.9万计算，平均每个北京人因奥运场馆建设多拥有0.062平方米体育场馆。此外，为奥运会而建设的8个临时比赛场馆，总建筑面积11.23万平方米，在奥运会结束后，除国家会议中心击剑馆、公路自行车赛场、老山小轮车场、五棵松棒球场等已明确改作他用或拆除外，其他的赛后仍将根据不同用途进行改建调整，满足部分体育比赛或健身休闲需要。从这个意义上说，北京市因奥运会而增加的体育场馆面积要比一般学者计算的大得多。截止到2008年，北京市常住人口1695万人，拥有的体育场地总面积为3256万平方米，人均体育场地面积为2.33平方米。

2.4 北京城市社区体育设施建设管理的积极探索

2.4.1 制定了相关的政策法规规定

1999年10月28日，北京市第十一届人民代表大会常务委员会第十四次会议通过了《北京市体育设施管理条例》，该条例明确规定，市人民政府应当按照国家对城市公共体育设施用地定额指标的规定，把城市公共体育设施建设纳入城市规划；区、县人民政府根据市公共体育设施发展规划编制本区、县的公共体育设施发展规划；新建、改建、扩建居住区的开发建设单位应当按照本市公共服务设施配套建设指标的规定配套建设体育设施；公共体育设施和居住区配套体育设施必须对社会开放，开放时间每年不得少于300天，每天不得少于8小时；学校体育设施应当创造条件向社会开放；鼓励国家机关、社会团体、企事业单位和个人兴办的体育设施向社会开放。

2005 年 12 月 1 日，北京市第十二届人民代表大会常务委员会第二十四次会议通过《北京市全民健身条例》。该条例明确规定，市规划行政主管部门应当向体育行政部门通报规划审批的居住区配套体育设施建设项目的情况；市和区、县体育行政部门应当配合规划、建设、国土资源等行政部门做好居住区配套体育设施的验收和监督管理工作；国家机关、企事业单位、社会团体和其他组织利用内部体育设施开展社区服务的，按照本市有关规定享受优惠政策；利用体育彩票公益金配建的全民健身设施，由受赠单位负责设施的日常管理和维护，保证其使用的安全性和公益性；设施的管理和更新的具体办法由市体育行政部门制定。

2.4.2　积极开展体育设施的建设与管理维护

《北京奥运行动规划体育专项规划》的目标是实施北京市全民健身设施配建计划，每年完成配建面积 70 万平方米以上，做到每 2500 个市民拥有一处全民健身设施。近年来，北京市全民健身设施建设发展迅速。“十五”期间，全市体育设施总面积达到 3191.7 万平方米。按常住人口计算，北京人均体育场地面积达到 1.35 平方米，比“九五”时期提高了 0.45 平方米。全民健身路径等器材设施遍布全市，目前我市平均每 2122 个市民便拥有一处全民健身工程，本市百分之百的街道、百分之百的乡镇和有条件的社区居委会配建了全民健身工程。黄白相间的社区健身设施已经成为都市里的一道风景线。

2.4.3　编制社区体育设施建设指标，促进体育设施建设

2.4.3.1　国家相关部门的体育设施用地指标

2005 年，国家体育总局编制《城市社区体育设施建设用地指标》（以下简称“总局用地指标”）。“总局用地指标”对不同规模的城市社区体育配套设施提出了相应的体育用地指标和建筑指标，对室外用地面积与室内建筑面积提出了两种控制指标：

第一种是人均用地指标。人均室外体育用地面积 0.30 ~ 0.65 平方米，人均室内体育活动建筑面积 0.10 ~ 0.26 平方米。“总局用地指标”的低限与北京市的千人指标中文体设施指标的一半大体相当。

第二种是从集约用地、集中设置、有利经营出发，给出了三种规模的居

住区体育配套控制指标。根据不同的人口规模,城市社区体育设施项目室外用地面积与室内建筑面积应符合表 2 - 1 的规定:

表 2 - 1　国家体育总局编制的城市社区体育设施指标

人口规模(人)	室外用地面积(平方米)	室内建筑面积(平方米)
1000 ~ 3000	650 ~ 950	170 ~ 280
10000 ~ 15000	4300 ~ 6700	2050 ~ 2900
30000 ~ 50000	18900 ~ 27800	7700 ~ 10700

注:①较大人口规模的指标均包含较小人口规模的指标。②在 30000 ~ 50000 人口规模的社区中宜集中设置一处社区体育中心,其面积指标为10300 ~ 13600 平方米(室外)和 3600 ~ 4900 平方米(室内),已包含在本表的指标中。③当室外项目设置于室内时,用地面积指标相应减少,室内建筑面积指标相应增加,反之亦然。④旧区改建中应考虑安排城市社区体育设施,其面积指标可以酌情降低,但不得低于本表规定面积的 70% 。

2. 4. 3. 2　北京市现行社区体育配套设施指标内容

北京市规划委员会自 20 世纪 80 年代开始,制定了《北京市居住公共服务配套规划设计指标》,并多次修订各项指标。现行指标为《北京市居住区公共服务设施规划设计指标》,自 2006 年 6 月 1 日开始施行。现行规划设计指标将文化体育设施两类指标合并;将居住人口规模(或建筑规模)分四个级次:3 万 ~5 万人、0. 7 万 ~2 万人、0. 3 万 ~0. 5 万人和少于 0. 3 万人的居住建设项目。具体配置指标见表 2 - 2:

表 2 - 2　北京市文体配套设施规划建筑面积和用地面积指标

规模	项目名称	千人指标		一般规模		配置规定	服务规模(万人/处)	备注
		建筑面积(平方米)	用地面积(平方米)	建筑面积(平方米/处)	用地面积(平方米/处)			
居住人口 3 万 ~5 万人	室内文体活动中心	200				可包括文化娱乐(多功能影视厅、文娱艺术等),图书阅读,科技活动,青少年活动,康乐(健身房、棋牌室、室内体育活动等)等设施	0. 7 ~1	可结合商业服务设施或社区管理服务设施综合设置

续表

规模	项目名称	千人指标		一般规模		配置规定	服务规模(万人/处)	备注
		建筑面积(平方米)	用地面积(平方米)	建筑面积(平方米/处)	用地面积(平方米/处)			
居住人口3万~5万人	室外文体活动场	20	400~450			可包括户外娱乐、集会、露天表演、儿童游戏、综合健身、篮球、门球等场地	0.7~1	宜设于公共绿地附近，兼有避难场所的功能
居住人口0.7万~2万人	室内文体活动中心	200				可包括文化娱乐(多功能影视厅、文娱艺术等)，图书阅读，科技活动，青少年活动，康乐(健身房、棋牌室、室内体育活动等)等设施	0.7~1	可结合商业服务设施或社区管理服务设施综合设置
	室外文体活动场	20	400~450			可包括户外娱乐、集会、露天表演、儿童游戏、综合健身、篮球、门球等场地	0.7~1	宜设于公共绿地附近，兼有避难场所的功能
居住人口0.3万~0.5万人	室内文体活动中心			1000		可包括青少年活动、老年活动(不小于100平方米)、文化康乐、图书阅览等设施		
	室外文体活动场				2000			
居住建设项目	室内文体活动站			200		可包括青少年活动、老年活动(不小于50平方米)、文化康乐、图书阅览等设施		

续表

规模	项目名称	千人指标		一般规模		配置规定	服务规模（万人/处）	备注
		建筑面积（平方米）	用地面积（平方米）	建筑面积（平方米/处）	用地面积（平方米/处）			
居住建设项目	室外文体活动场地				500			

2.5 北京市近期加强群众性体育设施建设情况

北京市从1995年开始开展全民健身宣传周活动，“健身周”活动带动了群众体育的发展，拉动了体育经济，促进了全民健身服务业的发展与完善。

1999年10月28日，北京市第十一届人民代表大会常务委员会第十四次会议通过了《北京市体育设施管理条例》，该条例明确规定，市人民政府应当按照国家对城市公共体育设施用地定额指标的规定，把城市公共体育设施建设纳入城市规划；区、县人民政府根据市公共体育设施发展规划编制本区、县的公共体育设施发展规划；新建、改建、扩建居住区的开发建设单位应当按照本市公共服务设施配套建设指标的规定配套建设体育设施；公共体育设施和居住区配套体育设施必须对社会开放，开放时间每年不得少于300天，每天不得少于8小时；学校体育设施应当创造条件向社会开放；鼓励国家机关、社会团体、企事业单位和个人兴办的体育设施向社会开放。

2008年奥运会不仅推进了大型公共体育设施的建设，也促进了全面健身运动的开展。《北京奥运行动规划体育专项规划》的目标是实施北京市全民健身设施配建计划，每年完成配建面积70万平方米以上，做到每2500个市民拥有一处全民健身设施。近年来，北京市全民健身设施建设发展迅速。

早在2003年北京就提出要在几年内创建国际化体育中心城市的目标。2005年12月1日，北京市第十二届人民代表大会常务委员会第二十四次会议通过《北京市全民健身条例》。该条例明确规定，市规划行政主管部门应当向体育行政部门通报规划审批的居住区配套体育设施建设项目的情况；市和区、县体育行政部门应当配合规划、建设、国土资源等行政部门做好居住区配套体育设施的验收和监督管理工作;国家机关、企业事业单位、社会团体和其他组织利用内部体育设施开展社区服务的,按照本市有关规定享受优惠政策;利用体育彩票公益金配建的全民健身设施,由受赠单位负责设施的日常管理和维护,保证其使用的安全性和公益性;设施的管理和更新的具体办法由市体育行政部门制定。

近年来,北京市通过社区文化中心的建设、体育彩票公益金配套建设等途径,建设了一大批普及型的社区群众体育设施。首先,配备了相应数量的健身设施。全民健身路径等器材设施遍布全市,目前我市平均每2122个市民便拥有一处全民健身工程,本市百分之百的街道、百分之百的乡镇和有条件的社区居委会配建了全民健身工程。黄白相间的社区健身设施已经成为都市里的一道风景线。至2008年,更新了50%以上全民健身设施使用的器械。其次,建立国民体质检测站,目前全市各个街道办事处均建有国民体质检测站,并已对其中的50个检测站进行了设备更新。2005年我市体育人口达到了50%,其中城区体育人口达到了55%,规划到2008年达到了60%。到2010年达到了70%左右,国民体质测试合格率有望达到80%以上;第三,有一定数量的社会体育指导员从事健身指导工作;第四,开展了有规模的群体活动,北京市积极探索推广易于开展、小型实用、健康文明的体育健身方法,不断推出适应群众健身需要的活动组织形式;第五,制定系列规划,开展体育文化与宣传活动。

2008年,北京市设立社会建设工作办公室(简称市社会办)和市委社会工作委员会(简称市委社会工委)。两部门力争用3~5年的时间,在全市基本实现社区基本公共服务,包括社区文化教育体育服务的全覆盖。社区管理机构的设置,有利于加快社区体育设施的建设,完善设施的管理制度。

随着北京经济的快速发展和市民收入水平的提高,市民已经从基本的物质消费型开始逐步转向文化与体育消费型,未来休闲文化、娱乐文化、体育文化广泛普及,大众体育、社区体育活动将成为常态。北京市委市政府明确提出建设“世界城市”的目标。按照总体部署,北京要在2050年左右,建设成为经济、社会、生态全面协调、可持续发展的城市,进入世界城市行列。而要做到这一点,搞好北京的体育设施建设将是非常重要的基础工作之一。

改革开放以来,社会结构的变化日益显现。社会阶层的分化正处于上升时期,很多阶层并没有“定型”和固化,并且不断出现新兴阶层,且各个阶层的收入差距有拉大的趋势。人员结构也有很大的变化,人口老龄化态势严重,65岁及以上人口超过10%。社区居民群众的物质、文化、生活需求日益呈现出多样化、多层次的趋势,经济社会的发展和居民群众的多方面需要给社区服务(包括社区体育服务)提出了更高、更多的新要求。

建设社区体育设施,提供社区体育服务,丰富社区居民的日常生活内容,促进人民群众的身体健康,不仅是市体育局的事情,也是市社会办等各个政府部门的工作。抓好这项工作,不仅是时代的要求,更有民意基础。

2.6 北京城市社区体育设施发展不均衡的原因分析

现阶段,北京城市社区体育设施的建设中还存在着很多的问题,其中较为突出的便是发展不平衡,找到这一问题的根源具有很大的实际意义。

2.6.1 北京城市社区体育设施的用地标准过低

这里我们将选取美国和日本的有关标准做一比较:

美国"健康公民2000年"把新增社区体育中心的数量作为一个重要的指标。其中规定,至2000年,美国社区每10000人要建1英里野营、自行车或健身路径,每2500人要建一个公共游泳池,每1000人要建4英亩开放的休闲公园,这些指标在1996年就已提前完成。4英亩等于16187.44平方米,即每人平均有体育场地16.18平方米。

日本1972年的体育设施指标是每万人都要具有一个10000平方米的棒球、垒球、足球、田径综合场地,2个1560平方米的网球、排球场地,1个720平方米的篮球、羽毛球、乒乓球场地,1个200平方米的柔道、剑道馆,1个400平方米游泳池水面积的室外和室内场地,通过计算可以得出日本每万人的社区场地为6个,面积共1.444万平方米。

我国在2005年最新出版的《城市社区体育设施建设用地指标》中,对社区体育设施要求人均室外面积0.30~0.65平方米,人均室内面积0.10~0.26平方米。可见我国对于社区体育设施的制定标准较低,与发达国家有一定差距。而在现阶段,北京市仍有许多社区体育设施为零,即使拥有体育设施的,其拥有量也不能和美国每1000人16.18平方米相比,同样也远远没有赶上日本1972年的标准。

每个国家的人口、国土面积、城市化发展的程度等方面均有不同,经济基础、社会发展程度等多方面因素差异也决定着我们不能单独用人均面积的数据进行比较，但是通过对比可以发现差距，督促我们加以改进。

2.6.2　北京城市社区体育设施的规模和指标缺少约束力

在城市社区体育设施方面，已经有了一定的法律依据。国家级的法规主要有建设部 1994 年 2 月 1 日主编和批准的《城市居住区规划设计规范》、中华人民共和国国务院令 2003 年 8 月 1 日施行的《公共文化体育设施条例》等。但是，这些法律文件的制定对人民群众参与体育活动的估计不足，也未能满足人民群众的体育需求。

2005 年建设部、国土资源部批准的《城市社区体育设施建设用地指标》，这个指标中明确地规定了不同规模社区不同类型体育设施的数量。但是这个指标对违反规定者缺少惩罚规则，因而其执行性较差。

2.6.3　北京城市社区的规划程序缺乏体育行政部门的监督

2003 年国务院颁布施行的《公共文化体育设施条例》第二章规划与建设中明确提出："国务院发展和改革行政主管部门应当会同国务院文化行政主管部门、体育行政主管部门，将全国公共文化体育设施的建设纳入国民经济和社会发展计划。公共文化体育设施用地定额指标，由国务院土地行政主管部门、建设行政主管部门分别会同国务院文化行政主管部门、体育行政主管部门制定。"

但是，目前北京城市社区新建的或者正在规划的社区，一般只要征得规划委员会的同意就可以进行建设，而体育行政主管部门的意见却不被重视，所以体育部门的监督实施作用一般只流于形式。

开发商在建设时没有哪个部门要求体育设施规划的指标，都是根据设计图纸建设，在设计规范要求内，追求利益最大化。其实，如果没有这些配套设施，政府会向开发商收取一定的费用用于周边公共体育设施建设。总之，开发商不会因为没有体育设施而得不到土地使用权的正常审批。对于开发商而言，即使参照了这些指标，但后期的监督、管理、使用方面也缺乏全面的监督，仍然没有达到法制化的管理层次。

《公共文化体育设施条例》已出台 4 年多，《体育法》也已实施了十几年，但是这些相关法律条例的透明度和清晰度还不够。居委会、开发商、物业管理部门和业主基本没有形成良好的法律意识，最终导致条例的贯彻效果差。

2.6.4 北京城市规划的历史局限性

新中国成立初始,中央政府和北京市政府曾就北京城市的发展规划做过多次讨论。时任清华大学营建系主任的梁思成教授,作为北京市政府特聘的城市规划专家,曾提出将旧城单独设立,重新选址建立新城,既可以保护旧城的历史建筑,也可以给市民提供更广阔的生活空间。但是因为一些历史原因这一建议并未被采纳。在旧城基础上建立起来的北京城区,在空间上受到限制,所以很多设施的规划都有局限性。体育设施的规划也受到冲击,直到改革开放之后,随着北京城市的发展,体育设施才不受旧城空间的束缚,而在旧城外的周边区域陆续建设起来。老城区的传统社区所处的位置正是当年旧城的位置,所以老城区的传统社区现在面临着传统民居建筑要保护,居民居住条件要改善的双重问题,与此同时引发的社区体育设施的发展就更是难上加难,这也是导致老城区城市社区体育设施总量不足的原因之一。

2.6.5 社区居民对体育锻炼的重视程度不够

社区居民是社区体育活动参与的主体,所以社区居民对体育锻炼的热衷程度直接关系到社区体育活动的开展。目前社区的很多居民对本社区的体育设施情况并不了解,甚至个别居民不知道本社区是否有体育设施,也不知道本社区体育设施的位置。没有过多的精力投身于社区体育活动,这种现象在中青年中体现得尤为明显,而参与社区体育活动的主体多为退休在家的老人和尚未入学的儿童。这种中间少、两头多的沙漏形状,在北京城市社区较为普遍。老人和儿童进行体育活动的范围有限,对体育设施的安全性要求较高,相对于体育设施的其他要求却降低了。这种现象在老城区和单位型社区更加明显,由此也造成了不同类型社区居民对体育设施的需求不同,进而导致了体育设施发展不平衡的现象。

2.7 北京城市社区体育建设与社区体育服务展望

社区体育业将是我国体育产业化的主导方向,中国社区体育正在走向市场化、产业化、规模化,其前景不可限量。社区体育是体育消费大众化不可或缺的一个核心部分。

城市社区体育建设是社区文化和社区服务的重要组成部分。发展城市社区体育既是体育事业的需要,也是社区建设和社区管理的需要。而北京乃至全国现在的社区体育状况还存在着空白点,为推动城市社区体育建设的健康发展,有必要对城市社区体育建设的现状问题进行理性的审视,进一步适应社会转型与城市社区体育建设的体制改革和创新。让“拥有身边的体育,运动就在家门口”的理想变成现实,把全民健身落实到社区,创造社区体育设施建设和体育事业管理的崭新模式。

2. 7. 1　服务型政府视角下体育部门的职能建设

在社会转型、体制改革的过程中,政府的服务宗旨要保持不变,而服务的角色、方式必须进行调整和创新,才能适应经济社会发展的需求。这种服务定位、服务方式的调整创新就是“服务型政府”建设的内容,也就是体育部门应该加强的公共服务职能。北京市政府的服务职能建设包括以下几个方面:

1. 加强体育发展战略制定和战略管理

早在 2005 年北京筹办奥运的过程中,北京市体育局就会同北京市委研究室设立课题,就北京在建设国际城市的过程中体育发展的战略目标以及奥运会后体育设施的利用问题进行了深入研究,提出了建设国际体育中心城市的战略目标,并在发展公共体育、促进体育产业、促进体育文化,特别是举办高水平的国际体育赛事等方面,提出了实现目标的策略和重要举措。比如,北京体育产业发展将致力于建设“五个中心”——国际体育赛事中心、体育健身休闲中心、体育营销和会展中心、体育文化创意和传播中心以及体育中介服务中心。

这一战略目标被北京市委市政府采纳,并纳入了国民经济发展规划。北京市采取的推进全民健身计划,设立体育产业引导资金和体育产业园区,以及支持举办国际性赛事等,都是实施这一战略的具体措施。如今,在世界体育总会的帮助下,北京继中国网球公开赛、北京马拉松赛、世界斯诺克中国公开赛后,又成为首届世界智力精英运动会和首届环北京职业公路自行车赛的举办地,国际品牌赛事的影响力正日益增强。

2. 有计划地推进全民健身服务体系

全民健身活动有了法律保障和资金保障,有了实施计划和组织网络,已形成比较完整的服务体系。

1995年至2008年，北京市先后制定全民健身的地方法规2部，政府规章4部，行政指导性文件46份。2005年《北京市全民健身条例》颁布并于2006年3月起正式实施；2006年《北京市全民健身工程管理办法》颁布实施；2011年《北京市全民健身计划实施计划（2011—2015）》发布，执法队伍初步建立。

体育彩票公益金仅今年上半年就收益18亿元，每年都保障其中60%用于全民健身活动。

北京在筹办奥运会过程中实施“全民健身与奥运同行”计划，初步建立了全民健身服务体系。2008年北京市16~75岁经常参加体育锻炼的人数达到43.2%；全市百分之百的街道、乡镇、社区和行政村建立了群众体育组织网络；市级体育协会已发展到77个，区县体育协会419个；社区体育俱乐部54个，青少年体育俱乐部128个。目前，全市俱乐部共有教练员859人，团体会员1070人，个人会员12.5万人，年接待活动约1500万人次。建立了三级指导员管理制度，社会体育指导员队伍已扩大到两万余名；还建立了覆盖全市的248个三级国民体质监测站和1500名测试人员组成的国民体质测试网络。

3. 开展“体育生活化社区”活动

“体育生活化”是把体育健身活动渗透到人们日常生活中。“体育生活化社区”就是体育设施完备、活动丰富、组织健全、特色突出的体育生活化社区。自2005年开始，全市已创建了75个体育生活化社区。在这些社区举办了“和谐社区杯”乒乓球赛等品牌性群众体育活动，今年推广北京市社区健身项目，在此基础上正在筹办北京市体育生活化社区趣味运动会，选择了5个大项、8个小项简便易行、贴近生活、方便开展的社区体育健身项目，作为趣味运动会的比赛项目。

北京市回龙观社区业主足球超级联赛（简称“回超”），自2004年以来日益火爆，2010年参赛球队21支，参赛球员近千人，联赛共21轮，场次210场。是目前国内首次由社区业主组织起来的足球联赛，被誉为“草根足球”的代表。

方庄社区已举办三届以“乐活方庄，乐享生活”为主题的社区文化体育节，今年还举办了“首届方庄地区幼儿足球邀请赛”，形成了良好的社会影响。

4. 积极探索体育协会实体化

为了使体育协会逐步承担起部分原来由行政机关行使的职能，自 2010 年开始，北京市开始推行《体育协会实体化工作实施方案》。方案提出体育协会实体化发展方向是成为开展和管理本项目的主体，形成以项目资源为基础，以品牌赛事、群众活动为载体，不断提高协会及其项目的市场占有率，具有自我生存能力的实体。

该方案明确了体育协会实体化的标准，如有固定的办公场所，实体项目具有较为广阔的市场经营的发展前景，具有相当规模的品牌赛事或传统活动；具有专业水平高、策划组织能力强的开发人才；具备一定规模的裁判员队伍；每年开展的活动或赛事不少于 8 项，其中至少具备一个全市性、全国性或者国际性的品牌赛事或传统活动等。

2010 年用体育产业引导资金为专项体育协会集体租赁了办公楼。经申请批准了十几个试点协会，给予 30 万元的经费用于组织建设和开展活动。今年集中第二期体育产业引导资金 450 万元，实体化评审小组审核，批准市桥牌、网球、台球、跆拳道、职工体协、钓鱼、拳击、龙舟、自行车、毽绳、水上运动、体育休闲产业 12 个体育社团为第二批体育社团实体化工作试点协会，拨付每个协会 20 万～50 万元实体化扶持引导资金。

5. 通过政策和资金扶持体育产业

北京市率先在全国设立每年 5 亿的体育产业引导资金，用来扶持产业发展。目前体育产业规模不断扩大。2009 年体育产业实现总收入 500.2 亿元，实现增加值 91.4 亿元，吸纳就业人口 10.3 万人，分别比 2006 年增长 91.4%、51.6% 和 16.6%。体育产业增加值年均增长达到 15% 以上，超过国民经济整体增长速度。

体育产业结构逐步优化，体育服务业已成为体育产业的支柱。2009 年，北京市体育服务业实现增加值 45.2 亿元，占体育产业增加值的比重达到 49.4%。以体育服务业为核心，体育服务业和体育用品、服装鞋帽及相关体育产品销售共同支撑的产业结构特征更加突出。

北京着力开发体育消费市场，重点发展体育健身休闲业、体育竞赛表演业、体育场馆服务业、体育营销会展业、体育文化创意产业、体育中介服务业和体育彩票业七大业态。已经设立 7 个市级重点体育产业功能区，同时积极培育一批各有特色的区县新兴体育产业集聚区，逐步带动形成全市“一核两带多园区”的体育产业发展空间格局。

北京市通过这五个方面的工作,基本构建起体育公共服务体系(见图1-1)。

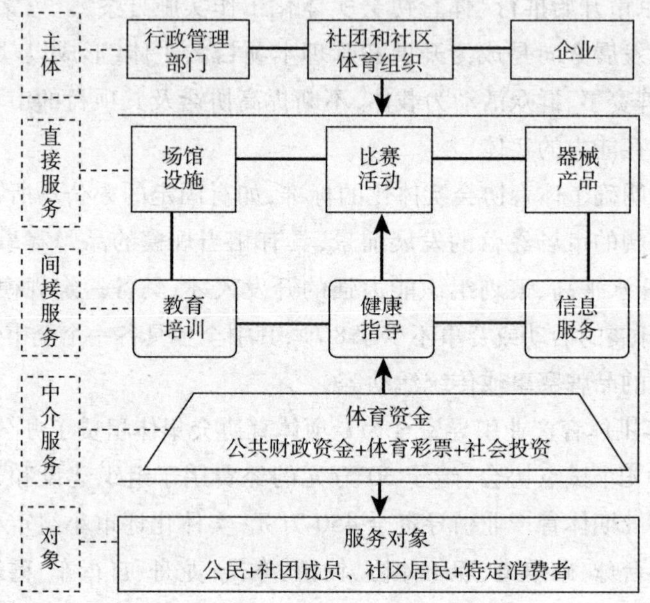

图1-1 北京市体育公共服务体系

2.7.2 建设首都特色的体育公共服务体系的战略思路

1. 战略思路

北京是国家的政治中心、文化中心和国际交往中心,是国家正在努力建设的世界城市。北京市体育公共服务体系建设要体现城市的基本定位和城市的发展目标,围绕建设国际体育中心城市的具体目标构建体育公共服务体系;按照率先基本实现现代化的要求,率先实现体育基本公共服务均等化;根据经济社会发展水平满足居民日益增长的文体消费需求,着力建设国际一流水平、富有首都特色的多层次、多元化的公共服务产品。

2. 工作重点

(1)着力推进体育基本公共服务均等化

按照国家发改委关于基本公共服务的标准,体育公共服务要在体育设施和体育人口方面达标。北京市到“十二五”末期,规划建设形成覆盖城乡的全民健身公共服务体系。市民体育素养和健身意识普遍提高;经常参加体育锻炼的人数比例长期保持不低于49%,学生在校期间每天至少参加1

小时体育锻炼活动；市民达到《国民体质测定标准》的合格率为95%，优秀率为25%；在校学生达到《国家学生体质健康标准》的合格率为90%以上，优秀率为20%；社会体育指导员达到3.5万人以上；百分之百的街道、乡镇建有体育组织；百分之百的区县建有体育总会、行业体协、人群体协、单项体协等。30%的市级体育协会逐步实现实体化，形成覆盖城乡的全民健身公共服务体系。

建立结构合理、布局均衡的体育场馆设施体系。全市百分之百的街道（乡镇）、社区（行政村）建有体育设施，百分之百的区县建有一个区县体育中心；50%具备建设条件的城市公园、郊野公园建有健身场地设施；具备开放条件的学校体育场地设施的社会开放率达到70%；人均体育场地面积达到2.1平方米。在"十一五"末期的基础上，单位建筑面积能耗下降率达到12%。

(2)着力推进体育设施统筹规划与均衡配置

将公共体育健身设施建设纳入"十二五"市、区县建设规划和土地利用总体规划。要按照国家城市居住区规划设计规范标准，设计建设公共体育健身设施。防止减少现有城市体育用地，增加市中心小型开放式群众体育运动场地。加强公共服务类体育设施规划的制定，建立体育设施分级分类标准与量化指标体系，扶持公益类体育设施建设与发展。结合城市公园、城市绿化用地安排部分公共体育健身设施。完善市级、区县级、街道（乡镇）级、社区（行政村）级体育设施建设格局，推进区县体育中心建设。以基层设施和便利可及的中小型体育场地为重心，推进社区体育设施建设。

完善社区体育服务设施。加快我市城南地区、西部地区、新建大型居住区公共体育基础设施建设。将体育设施纳入社区标准化建设。将社区体育组织建设、设施建设、健身活动、居民体质测试和健身宣传培训等服务列入《北京市社区基本公共服务指导目录（试行）》中，采取政府主导、多部门共同推进的方式，分计划、分步骤、分批次地推进社区基本公共体育服务全覆盖。各区县要按照《北京市全民健身工程管理办法》加强全民健身设施的管理与更新。实施国家全民健身示范基地工程，充分利用城市郊野公园建设一批专项球类活动场地。推进公共体育设施向公众开放，并对学生、老年人和残疾人优惠或者免费开放。学校体育设施在课余时间和节假日要向学生开放，有条件的学校体育场地设施要向公众开放。各级政府对向公众开放体育设施的学校给予经费补贴和奖励资助,办理有关责任保险。机关、企事业单位要积极创造条件,将体育设施向社会开放。公共体育设施管理单位要加强对体育设施的维护、更新,提高使用效率,防止闲置浪费或被挤占、挪用。

提高场馆服务水平和运营效益。推进体育健身"一卡通"配建工作,为群众健身提供便利条件。建立体育场馆信息管理平台,实现场馆数字化发展。强化公共体育设施服务监管责任,创新场馆管理体制和运营模式,提高场馆运营效益。加强学校、机关、厂矿体育场地的使用,提高体育场地开放率。利用体育产业引导资金,培养场馆运营管理团队,发展体育管理业。

(3)探索建立"大体育"工作格局和机制

所谓"大体育"工作格局,首先是在认识上,适应现代城市消费时尚,把体育活动看作与文化、艺术、娱乐、休闲活动一体化的居民高层次文化消费活动。其次是在机制上,把体育、文化、园林、文物、教育、社会管理、发改、规划、建设、城市管理、工商等部门联合起来,共同研究和决策文体活动的设施保障和组织保障工作。最后是组织上,建立由这些管理部门、辖区政府、社区和相关体育协会参加的委员会制的议事协调机构,定期或不定期地开展议事、协调和沟通会议。

大体育工作格局和机制的建立,将体现整体性政府和政府与社会联合的改革理念,有利于解决当前部门分割和政府一家独揽的公共服务机制,对社区体育设施缺乏、社会资源分割等问题,提出整体的解决方案。

我们还积极探索体育产业与文化、旅游、会展等相关产业融合发展的新模式,推动体育产业结构调整,初步构建符合现代体育发展规律和首都城市功能定位,发展有序、层次清晰、结构优化、特色鲜明的体育产业体系。

(4)着力推进体育社团的组织建设

推进体育事业单位分类改革。对公益性体育单位,实行收支两条线改革;对经营性事业单位,通过产权置换等方式进行内部资产重组;部分有条件的事业单位改制参股,组建独立法人实体。

推进体育协会实体化进程。加快体育协会实体化进程,规范各类体育行业协会的发展,引导和鼓励群众自组自建体育社团的发展,大力发展社区、青少年体育俱乐部。继续扩大体育协会的自主权,使其成为真正独立的法人实体。逐步将行业标准的制定、行业准入的资格认定、体育从业人员的资格认定等职能交给体育行业协会。

发挥全民健身组织网络的积极作用。充分发挥市、区县、街道(乡镇)体育组织组成的行政管理网络,工会、共青团、妇联、残联等组成的社会团体管理网络,市和区县体育总会、单项协会组成的体育社团指导网络,社区和行政村组成的基层体育运行网络在组织开展全民健身活动中的作用。

(5)加强对体育产业的扶持和监管

①进一步完善体育产业体系。加快完善体育要素市场,引进具有影响力的品牌赛事、体育组织和高端人才,推动体育中介组织和职业俱乐部发展。着力培育体育消费市场,以比赛创市场、以市场促产业,推进社区俱乐部开展各类体育比赛活动。加强对体育无形资产的经营与管理,重点发展体育健身休闲业、体育竞赛表演业和体育场馆服务业。促进体育产业与其他相关产业融合发展,加快培育体育营销会展业、体育文化创意产业和体育中介服务业。初步构建符合现代体育发展规律和首都城市功能定位,发展有序、层次清晰、结构优化、特色鲜明的体育产业体系,培育一批有国际竞争力的体育骨干企业和企业集团,形成一批有国际影响力的体育产业自主品牌。

②改善体育产业政策环境。研究完善体育产业发展政策,对重点发展的体育产业领域、大型产业集团和体育产业品牌加大扶持力度,引导体育产业各业态按照统一规划实现集聚发展。研究制定引导、促进体育消费的政策,利用引导资金培育体育消费市场,不断拓宽居民体育消费领域,培育新的消费热点,进一步扩大体育健身、体育休闲和体育服务的消费需求。营造公平、合理的竞争环境,支持和引导非公有制经济主体以资本、技术、信息等多种形式发展,支持鼓励和引导民营资本进入体育产业领域,重点对健身休闲竞赛表演加强建设和运营。深度参与国际体育交流合作,提升资源运作和产业发展的国际化水平,为首都体育产业发展创造宽松、活跃、规范的市场环境。

③强化体育产业投、融资服务。建立健全体育产业投、融资促进工作机制和平台,探索建立专门的体育产业投资基金,通过提供融资担保、贷款贴息、风险补贴等多种方式,完善多渠道、多层次的融资服务体系。指导建立体育企业与商业银行的沟通合作机制,积极争取信贷支持。支持优势体育企业进入资本市场,通过股票上市、发行企业债券、股权置换等方式融资。

重点选择一批成长性好、竞争力强的体育企业，支持开展各种形式的合资、合作和兼并、重组，以资产为纽带，着力提高体育产业集中度。

④加强依法监管。在已经发布的《北京市体育产业发展引导资金管理办法（试行）》《北京市体育产业发展引导资金贷款贴息管理办法（试行）》《北京市体育产业功能区认定和管理办法（试行）》《北京市体育局贯彻落实〈大型群众性活动安全管理条例〉的实施意见（试行）》《〈北京市体育竞赛管理办法〉实施细则》等法规文件的基础上，依法行政，加强监管和执法力度。

第 3 章　国内外社区体育设施发展现状

3.1　国内社区体育设施建设的标准与管理经验

3.1.1　国内社区体育设施建设标准

建设部、国土地资源部建标[2005]156 号《关于批准发布〈城市社区体育设施建设用地指标〉的通知》中规定，社区体育设施建设标准为：1000 ~ 3000 人的小区应设置乒乓球台 2 个、室外综合健身场 1 个、儿童游戏场 1 个、室外健身器械 1 套、棋牌室 1 间；10000 ~ 15000 人的小区应设置篮球场 1 个、5 人制足球场 1 个、门球场 1 个、乒乓球台 6 个、羽毛球场 2 片、网球场 1 片、游泳池 1 个、室外综合健身场 1 个、儿童游戏场 3 个、室外健身器械 1 套、30 ~ 100 米跑道 1 条、棋牌室 3 间、健身房 1 个、台球室 2 个、社会体育指导中心（含社区体育俱乐部）1 个、体质检测中心（含卫生室）1 个、教室与阅览室 1 间、器材储藏室 1 间；30000 ~ 50000 人应设置篮球场 3 个、排球场 1 个、7 人制足球场 1 个、5 人制足球场 2 个、门球场 3 个、乒乓球台 16 ~ 20 个、羽毛球场 6 片、网球场 3 片、游泳池 3 个、滑冰场 1 个、轮滑场 1 个、室外综合健身场 3 个、儿童游戏场 9 个、室外健身器械 3 套、60 ~ 100 米跑道 2 条、100 ~ 200 米跑道 1 条、棋牌室 9 间、健身房 3 个、台球室 6 ~ 8 个、社区体育指导中心（含社区体育俱乐部）3 个、体质检测中心（含卫生室）3 个、教室与阅览室 3 个、器材储藏室 3 间。

3.1.2　国内社区体育设施管理经验

3.1.2.1　上海社区体育设施管理经验

上海市作为我国内地经济最发达的城市，其城市社区体育设施的建设和管理也相应地走在了全国前列,其中有许多方面值得我们借鉴。

1. 上海社区体育健身体系

(1)城市四级体育健身场地网络体系

上海全市已形成四级体育健身场地服务网络,即市级体育健身场地、区县级体育健身场地、社区(街道)级体育健身场地、住宅小区级体育健身场地。四级健身体系到2010年达到的目标是:绝大多数市民出门500米左右就有基本的健身设施,利用公共交通工具15分钟可以到达综合体育设施,利用公共交通工具30分钟可以到达环城绿化带、体育公园。截止到2006年底,上海市已建成社区体育健身设施4926个,其中健身点为4537个,社区公共运动场130个,社区健身场地达到了300万平方米,大大改善了社区体育设施的条件。

(2)全民健身运动的三个发展阶段

上海的全民健身运动提出的口号是:开展市民身边的活动,建造市民身边的场地。遵循这一宗旨,上海的全民健身设施建设,大体经历了三个阶段:第一个阶段是利用公园、广场、绿地,建造全民健身风景线;第二个阶段是在社区建造3000多个健身苑、点,为市民就近锻炼提供方便;第三个阶段是在继续建造健身苑、点的同时,尝试创办社区市民健身中心,满足广大群众多层次、全方位的健身需求。典型的是殷行社区市民健身中心,是由一个闲置多年的托儿所改建而成的,占地面积2160平方米,建筑面积1738平方米,总投资500万元。这是一座集健身锻炼、休闲娱乐、科学指导、宣传教育于一体的综合性健身场所。一楼设有乒乓球室、沙狐球室、桌球室、体质监测站、多功能室和购品部,二楼设有健身房、体锻房、棋牌室、理疗室和淋浴房。价值近200万元的设备器材,近30位拥有专业证书的健身教练,保证了健身中心的现代化标准。街道与一兆韦德健身管理公司签订管理协议,共同投资管理。健身中心开放严格遵循两个原则:一是亲民、便民、利民,采取分时段开放、分年龄优惠、发放便民健身卡等方式,既服务到位,又收费低廉,节假日还减免费开放;二是坚持高品质,不但设备先进,而且管理严格。经过几年时间的运转,殷行社区市民健身中心受到市民的广泛赞誉,并且具备自身的造血功能。

(3)优先编制社区公共服务设施专项规划

规划方面,上海市在中心城区控制性编制单元规划及郊区新城、新市镇总体规划等指导下,加快控制性详细规划编制,暂时没有条件编制控制性详细规划的社区,先编制包括体育配套设施在内的社区公共服务设施专项规划,用以指导体育配套设施的配置建设。控制性详细规划或社区公共服务设施规划一经批准,必须严格按照规划实施。在规划编制中,社区体育设施的配置标准原则上按照上海市《城市居住地区和居住区公共服务设施设置标准》执行,对于确实有困难的旧城地区,参照《居住区标准》,根据本地区体育设施配置现状情况以及社区网络化管理要求,在满足社区人民群众实际体育需求的前提下,在不同区域实行体育设施差别配置。对于社区体育规划,提出了强化社区体育设施建设,保障居民公共活动场所。要求社区体育场(馆)原则上单独设置,要重视室外公共体育活动设施的建设,室外公共体育活动设施可与公共绿地建设结合,实行统一规划、同步建设、综合利用。

(4)管理体制与保障体系(见图 3－1)

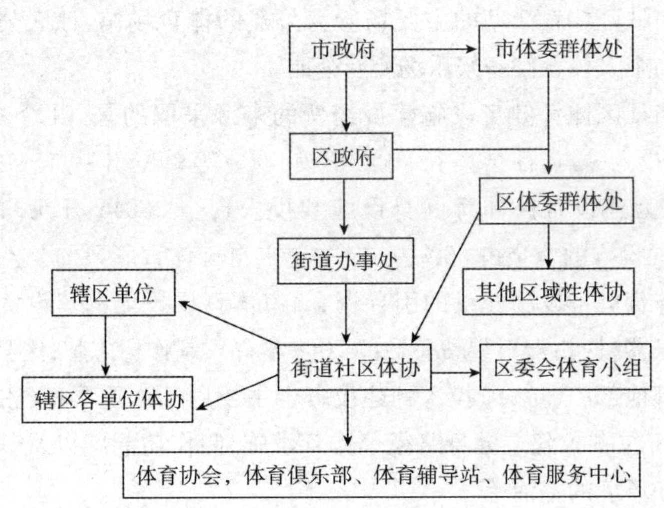

图 3－1　上海市社区体育管理体制图

在制度化建设上,首先是管理制度细化,将进一步完善日常管理、监督检查、考核评比三项制度。其次是管理职责落实,体育局授权相关部门作为专门的监管职能部门。最后是管理队伍到位,逐步把上海 1 万多名各级社会体育指导员落实到每个社区健身网点。同时建立了社区体育改造的评价体系,并推出了"上海市社区体育健身场所信息网络管理系统",进一步运用科学的手段加强社区健身苑、点的组织与建设。

在保障体系上,上海市实行两项举措:一是成立了社区体育设施维护配送中心，统一对全市社区体育设施落实保养维修措施，定期作全面检查，修复故障；二是推出重要举措，出台倡导社区体育健身团体意外事故保险，投保费用由政府“埋单”，居民在投保的健身苑、健身点健身，如发生意外，最高可获得 10 万元赔偿。

(5)建设方式与资金来源

上海市注重增加社区公共服务设施建设的财力投入，保障公共服务设施有效运行。构建政府公共财政框架，将包括体育配套设施在内的社区公共服务设施建设经费纳入市、区县两级预算管理体制。区县政府每年安排一定财政支出用于社区建设，实现社区建设的均衡保障。建立和形成多元化投入的机制，鼓励和支持各种社会力量投入社区公共服务设施建设，在用地、用房等方面给予政策倾斜。

上海市社区体育活动的主要场所为公建的体育场馆、社区公共体育场地和私营与个人体育健身娱乐场所及公园。

上海市社区体育健身设施建设经费的来源采取的是“几个一点”的办法，即政府投入一点，社会集资一点，学校、物业等单位出一点。1998—2004年，上海市为建设社区体育健身设施共投入资金 26846 万元，其中市、区(县)体育局投入的资金占 66% 左右(主要来自于体育彩票的公益金收入)。作为社区体育健身设施建设的引导资金，市体育局投入的建设资金主要用于购置健身器材(占器材经费总数的 70% 左右)、制作标志牌；区县、街道、乡镇政府及其他部门(单位)投入的建设资金主要用于购置器材(占器材经费总数的 30% 左右)，建造健身路径等体育设施，制作功能牌以及其他配套设施的建设和环境的整治等。

(6)明确设施产权主体与责任主体

加强社区公共服务设施规划管理，禁止擅自改变使用性质。按照规划配置的社区公共服务设施，其产权除已有明确规定的外，一律归区县政府所有，明确国资监管责任主体，纳入国有资产管理范畴。社区公共服务设施实行余缺调剂、综合利用、合理使用，属公共服务设施范围内调剂的，须经区县政府批准，按照国有资产监督管理的有关规定，办理相关手续。

2. 上海居住区配套设施的建设

(1)上海住宅配套建设的基本模式

上海住宅配套建设的基本模式与北京有较大区别，开发商原则上是先行缴付住宅建设配套费，主要包括市政公用设施和公共配套设施费两部分，由政府控制费用的支出和使用方向，对居住区配套实行统一规划、统一建设。由市住宅发展局统一收取、拨付的配套费资金，每年编制预算外资金收入计划和预算外资金支出计划，报送市财政局，由市财政局核定年度收支预算。可以保证居住区市政设施和公共配套设施的建设水平，保证与住宅同步交付使用。

(2)建设单位缴付的住宅建设配套费的使用范围

配套费中市政配套部分的使用范围，除用于住宅建设基地范围内的城市道路、雨污水系统、供水、供气、公交站点、电话通信等市政公用基础设施项目的建设外，还包括全部为住宅服务的污水厂的部分建设费。

配套费中公建配套费部分的使用范围、配建比例和标准：公建配套费部分的使用范围，按规划配建要求，用于住宅建设基地范围内①财贸系统的街坊级部分商业网点，粮管所、市场管理组；②交通系统的邮政所（不含邮政储蓄所占的面积）；③建设系统的房管所、管养段、煤气营业服务所、环卫分所（道班房）、公共厕所及小区公园征地；④地区系统的街道办事处、派出所以及里委、托儿所；⑤教育系统的中、小学和幼儿园。

(3)居住区文体设施的建设方式

社区医院、文化馆、影剧场（院）、居住区中心商业用房、体育场（馆）、图书馆、敬老院、民政福利用房、文化娱乐中心等不包括在住宅建设配套费配建的范围之内，这些项目仍由各主管部门落实计划、资金，委托开发建设部门统一建造，或在符合规划条件下也可实行“谁投资、谁受益”的原则，由住宅投资单位自行建设。各综合管理部门应加强行业管理，督促公建使用单位严格按规划用途使用。

3.1.2.2　香港社区体育设施管理经验

香港是一个拥有 670 万人口的国际知名大都市，人口密度高（每平方公里 6946 人），土地资源短缺是香港解决居住问题的天然障碍。香港的土地面积 1000 多平方公里，只有 20% 的土地可以城市化，为节约土地，创造土地产出的最大值，在有限的空间中实现最大容量、最多功能，香港城市的建设只能向“高密度、高层”方向发展。

(1)香港城市规划的特点和法定图则

香港的城市发展是一个依法建设的过程，其中规划在城市建设中有着根本性的指导作用。香港城市规划的主要特点:一是规划法律完善,法定程序严格;二是机构设置合理,管理机制科学;三是突出可持续发展,规划理念超前;四是坚持整体发展,注重实际运用。

香港设有一个三层架构的规划系统,即先制定全港性的发展策略,拟定整体的中期及长期的土地用途、运输及环境规划大纲;再制定较为具体的次区域发展策略和指引规划;最后制定地区层面的详细土地用途图则,地区层面的图则是由城市规划委员会依据城市规划条例而制定的法定图则。

现时香港有105张法定图则,涵盖全港约一半的土地,为有关地区提供发展指引。未被法定图则涵盖的地方大部分位于郊野公园的范围内,属自然保护区,已受到郊野公园条例的保护。每一份法定图则都显示建议的土地用途和主要道路系统,并同时附有一份注释,明确列明在各个用途地带经常准许的用途,以及其他必须先取得城规会的许可才能进行的用途。此外,每份法定图则也附有一份说明书,解释整个地区的规划目标,以及每个用途地带的规划意向。这个制度让发展商和投资者清楚地了解在每一块土地上可进行的发展,为他们的投资提供清晰的指引。

根据城市规划条例的规定,城规会必须公布每一张法定草图,给公众查阅及表达意见,并就收到的反对意见进行审议和聆听,最后将草图连同反对个案呈交行政长官会同行政会议核准。通过这一个过程,确保规划制度是公开、公平及向公众负责的。

(2)香港的公屋制度

香港的住房制度分为三个层次,第一个梯级是公共房屋(即廉租房),占整个住房市场的30%左右,由政府提供给低收入家庭居住,租金是市场价的25%;第二个梯级是居屋,类似于我国的经济适用房,占整个住房市场的15%左右,售价低于普通商品房40%;第三个梯级是由完全开放的房地产市场提供的商品房。香港特区政府自1954年开始实施公共房屋计划以来,历经50多年社会、政治、经济的巨大变迁,在解决各类问题的过程中,逐步形成了一套完善的公共房屋制度,不仅持续大规模地提供公屋,而且还致力于为公屋提供满意的居住条件和管理服务。目前,香港有近210万人居住在香港房屋委员会提供的公屋内,占香港总人口的30%。最近3年里,香港特区政府每年新建2.5万套公屋,提供给中低收入家庭租用。

居民受益的另一个政策背景是,香港有专事公屋事业的庞大体系。作为公屋的决策机构,香港的房委会(房屋委员会)作用举足轻重,房委会由民间代表和其他各界与政治团体代表组成。政策的执行则是由政府下属的房屋署操作。以房委会为核心的运营机构规模庞大,负责从公屋建造、维护、资格审查、物业管理等各方面,运筹资金以十亿乃至百亿计。其性质是自负盈亏的财政独立机构,有媒体将之比喻为"公益性质的超级开发商"。政府每年会免费批出土地给房委会兴建公屋,建设、管理费用由房委会自己解决,其来源是公屋租金等。目前,香港政府也已提供数千亿港币作为支持。

(3)政府主导的公屋建设与管理

在香港,由政府提供的住房占住房市场总量的45%,政府对各类公共住房均实施统一规划、统一建设、统一分配和统一管理。政府依据市场的需求来决定出租房屋的供给规划,包括5年、10年中长期计划。政府为公共住房划拨土地、提供资金保障和组织施工建设。这包括鼓励私营机构参与公共住房建设,特别是非营利组织参与,如房屋协会就是于1948年成立的、专门从事优质价廉住房建设的非营利性组织。无论是私营还是非营利组织参与公共住房兴建计划,必须遵守政府制定的公共住房建设标准和小区公共设施的配套标准。同时,无论是房委会还是房协或私营机构参与兴建的公共住房,都必须按政府制定的公共住房租赁和购置资格标准,由房屋署统一分配。人们要想得到公共住房,必须提交申请、接受资产审查和遵守轮候规则。

正是由于有这样一套严密的组织管理体系,才有效地保障了各参与主体(政府与私营机构)权、责、利的分明;才有效地避免了政府项目实施中,私营机构在设计、建设施工环节的偷工减料降低房屋质量;才有效地保证了公屋社区的公共配套建设的水准。

(4)香港的康乐用地和康乐设施的指标

《香港规划标准和准则》是城市规划条例的实施细则,是具体地块规划的工作手册。《香港规划标准与准则》表明政府根据什么准则制定各类土地的用途和设施比例、位置和地盘规模,其主旨就是为有系统地制定香港各地区的发展布局及所适宜的建筑物类型提供法律保障。《香港规划标准与准则》通过量化指标对住宅发展密度、社区设施、交通设施等做出了具体规定,

康乐设施的量化指标如表 3 – 1 所示(另配部分康乐设施场景图,见图 3 – 2 ~图 3 – 6):

表 3 – 1　香港康乐设施标准(2005 年)

设施		标准	备注
室内体育馆	羽毛球场	每 8000 人一个	设于综合发展内的室内康乐中心/室内运动场、康乐中心或特别设计设施
	壁球场	每 15000 人一个	
	乒乓球场	每 15000 人二个或每 7500 人一个	
	健身/舞蹈场地	每个室内康乐中心/室内运动场一个	
	体操场地	每区一个	
	游泳池	每 287000 人一个	
	游泳池场馆/戏水池	每区一个	
户外场地	网球场	每 30000 人二个	最少两个网球场
	篮球场	每 10000 人一个	公屋内可设一个或半个标准场
	排球场	每 20000 人一个	
	足球场	每 100000 人一个	运动场内的足球场,由于并非公开让公众使用,故不计入供应标准内
	小型足球场		
	五人制足球场	每 30000 人一个	同时作五人及七人场地
	七人制足球场	每 30000 人一个	
	橄榄球/棒球/木球场	每区一个	将设于多用途草地运动场内
	田径场地	每 200000 ~ 250000 人一个	
	滚轴溜冰场	每 30000 人 300 平方米	可设于地区休憩用地内,或作为行人通道系统的一部分
	缓跑径	每 30000 人 500 ~ 1000 米	
	儿童游乐场	每 50000 人 400 平方米	

图 3－2　与庙前广场综合利用的小型足球场

图 3－3　高架路旁的篮球场

图 3-4　公屋社区内的文化体育活动中心

图 3-5　设置于公屋架空层的乒乓球台

图 3－6　公屋小区内的网球场

3.1.2.3　台湾社区体育设施管理经验

台湾体委会于 1997 年 10 月开始启动针对社区体育的“阳光健身计划”，希望利用运动团体、学校、体育场等单位，针对青少年、社区居民、职工及其眷属等对象，规划多样化的晨间、夜间、周末假日的休闲运动，让更多民众有机会参与户外活动，享受运动健身和家庭休闲活动的乐趣。阳光健身计划的内容有青少年休闲运动、社区休闲运动、职工休闲运动、全民运动联赛、传统民俗体育活动、水上救生、海洋休闲运动、体育志工及全民运动整体宣传等。该计划有很鲜明的特点：

(1)参与人数及经费投入较多。从参与人数看，仅 1997 年 10—12 月，就与 353 个团体合作，举办了 50276 项次活动，有 185 万人次参加；1998 年推出 14 种系列活动，与 172 个单位协作，举办了 19697 项次活动，有 326 多万人次参加；1999 年开展的活动超过 3 万项次，吸引了 600 多万人次参加。从投入经费看，仅 2000 年度 11 大项的经费就高达 7197 万元台币，其中社区全民运动为 3120 万元台币，青少年休闲运动为 1460 万元台币，职工休闲运动为 208 万元台币，传统民俗体育活动为 383 万元台币，体育志工培训 55 万元台币，水上救生活动 45 万元台币，亲子及体能推广活动 245 万元台币，身心障碍体育活动513万元台币,全民运动联赛650万元台币。

(2)宣传的面广、形式多样、力度大,大众的健身意识有较大提高。

(3)通过阳光健身计划,台湾有组织的体育健身活动参与率较高。

(4)阳光健身计划投入的经费大,政府对该项计划的各个单项都给予一定的资助,并在网上公布各单项资助经费及在网上公开申请,后经公正审核,确定申请单位,因而经费使用透明且有保障。

(5)设定的活动项目新颖多样,针对性强,与大众的需求吻合,易于参与,易于掌握。

由于"阳光健身计划"的开展,台湾的社区体育活动发展很快,并且呈现出两大主要特点:

第一,社区体育竞赛的经常性和规范性。台湾各县市每年度都兴办辖区内社区联合运动会,竞赛项目有趣味竞赛、拔河、土风舞、太极拳等一般性休闲运动。台湾教育主管部门从1982年起开始举办社区全民运动会,1986年改由"社会处"主办,每年举办一次。为了检阅社区体育开展情况,展示社区全民运动的成效,台北市、高雄市也分别举办了全市性社区全民运动大会。竞赛的项目从开始时的拔河、大队异程接力、土风舞、太极拳、趣味竞赛等,陆续增加了乒乓球、篮球、躲避球、九人制排球等。此外,教育部门又于1990年开始辅导各县市体育场举办全民运动联赛,社区也属参赛对象,竞赛项目为槌球、慢速垒球、幼儿足球,并在1991年开始举办社区少年趣味竞赛联赛,由学校以外的社区俱乐部等单位的12岁以下的少年参加,竞赛开设乒乓球、排球、羽毛球、足球4个项目。社区能长年坚持多层次的体育竞赛,说明社区全民运动在台湾有很强的生命力,有很广泛的群众基础,同时也反映出台湾社区公民的体育意识和体育素质。能用学校或社团的模式来组织、开展社区体育及竞赛活动,体现出了政府对体育,尤其是社区体育的重视,这很值得借鉴。

第二,完备的社区体育设施。台湾社区体育设施建设主要来源:①政府的支持。台湾当局一直把全民体育活动场所、设施的建设列入重要的议事日程,作为重要的大事来抓。多年来在原有基础上,根据各地的气候、人口、项目、兴趣及参加体育活动者的年龄特点等条件,不同程度地增设不同功能的运动场和体育公司。如1994年对21个县(市)和148个乡(镇、市)的234个社区的体育场所进行了充实,增添了设备。1990—1994年补助各县(市)

的997个社区兴建简易运动场和44座公园。②企业的捐献。民间的许多优秀人士捐建了许多运动场所，尤其是休闲活动及体能活动（训练）场所。③学校运动场的开放。据台湾有关资料显示，台湾学校的硬件建设还是比较充足和完备的，94.7%的学校具有田径场，79.5%的具有体操场地，38.5%的有韵律房，71.8%的有体育场，42.1%的有风雨操场，27%的有室内游泳池，21.1%的有室外游泳池，33.3%的有力量训练室，10.5%的有游戏场。依据台北市及各学校校园开放实施要点，这么多的运动场所及运动设施，除了教学外，都必须依法向社区的居民开放和使用，为社区居民提供多种多样的活动内容和在一起活动与交流的空间。

台湾体育经费比较充裕，在教育部主管体育期间，体育经费就占教育经费的6%，行政院体委会成立后，投入的体育经费更多，1999年预算29.8亿多台币，其中全民体育经费占总经费预算的43%，而竞技体育的预算还低于全民体育经费，由此可见作为全民体育的重要组成部分的社区体育，其经费必然也是占用全民体育经费相当一部分，只有具备如此雄厚的物质基础，才能真正满足和保障规模宏大的社区全民健身活动及社区体育竞赛健康、稳步地开展。

3.2　国外社区体育设施建设的标准与管理经验

3.2.1　国外社区体育设施建设标准

3.2.1.1　日本社区体育设施建设标准

1989年，日本文部省在原有的基层社区体育中心的建设标准基础上制定了新的社区体育中心的建设标准。首先，社区体育中心的建设体现出层次性，分成了基层社区、市区町村、都道府县三个层次。对不同层次的社区体育中心均提出了不同的要求。其次，强调建设能够开展多种体育项目的运动场和球场，这对开展丰富多彩的体育活动十分有利。第三，该标准对社区体育中心的主要附属设备也提出了具体的要求，如要求基层社区中心建设护球网、夜间照明、更衣室、健身房及会议室等。市区町村级社区体育中心更要求建立保健咨询室、研修室、资料室、观众席等附属设备。第四，强调社区体育中心的建设要与其他文化活动相结合。配置标准见表3-2。

表 3-2 面向 21 世纪日本社区体育中心建设标准

设施区分	设施机能	主要设施种类标准	主要附属设备	备注
社区设施	社区居民日常体育活动就近设施适用于体育俱乐部和体育节	多用途的运动广场10000平方米;多用途的球场2200平方米;社区体育馆床面积720平方米;柔剑道场床面积300平方米;游泳池水面积25平方米(6~8泳道)	长凳、护球网、厕所、更衣室、夜间照明、散水设备、娱乐室、健身室、会议室	1 楼梯(扶手要适合障碍者和老年者)。 2 确保必要的空间照明和音响、更衣室
市区町村设施	各种运动节、体育节;就近居民日常体育活动	综合运动场要达到公用标准;体育馆床面积3000平方米柔剑道馆床面积400平方米;游泳池50平方米或25平方米(8泳道)	娱乐室、保健咨询室、资料室、交流室会议室、研修室、观众席、夜间照明	市、町、村设施主要综合体育馆应为市民提供保健咨询和医疗情报等服务
都道府县设施	全国规模运动会、全省体育运动会;选拔、培养运动员;体育科研	综合竞技体育设施达到公用标准;综合娱乐设施、研修设施和情报中心设施标准(略)	观众席、交流室、娱乐室、研修室、夜间照明、保健咨询室、资料室、住宿设施	体育设施、文化设施、饮食设施要有机地联系起来

3.2.1.2 英国社区体育设施建设标准

英国体育理事会在 20 世纪 80 年代中期制定了英国社区体育中心的基本标准(SASH),要求每 25000 人的社区就需要建设一个社区体育中心。社区体育中心必须能够开展 17 个体育项目,即羽毛球、篮球、保龄球、壁球、五人制足球、健身操、室内曲棍球、柔道、空手道、健身、舞蹈、网球、迪斯科、旱冰、乒乓球、蹦床、排球。此外中心还需建有健身房、会议室及更衣室。社区体育中心具有多用途、灵活、依托基层、成本较低、易于管理等特点。

英国社区体育中心包括两个层次,即英国村镇与社区厅(Village and Community Hall)和社区体育厅(Community Sport Hall)。英国村镇与社区厅可以容纳至少一个体育项目同时也可以举办经常性的社会文化和艺术活动。英国村镇与社区厅主要包括:一个可以兼作室内体育场地和会议室的大厅,以及村镇与社区厅的辅助设施。村镇与社区厅必须能够保证开展一系列的体育活动和文化活动,需建在社区的中心地带,外表美观大方,与自然环境融为一体,有高质量的体育设施,能够满足社区居民不断发展的体育需求,向居民提高各种体育服务。

社区体育厅是专门为开展社区体育活动而新建的体育中心。社区体育厅内部大小的设计一般以羽毛球场作为参照标准来进行,一般内部场地的规模分为 4 个、6 个、8 个、9 个、12 个羽毛球场大小。英国典型社区体育厅平面图见图 3 - 7:

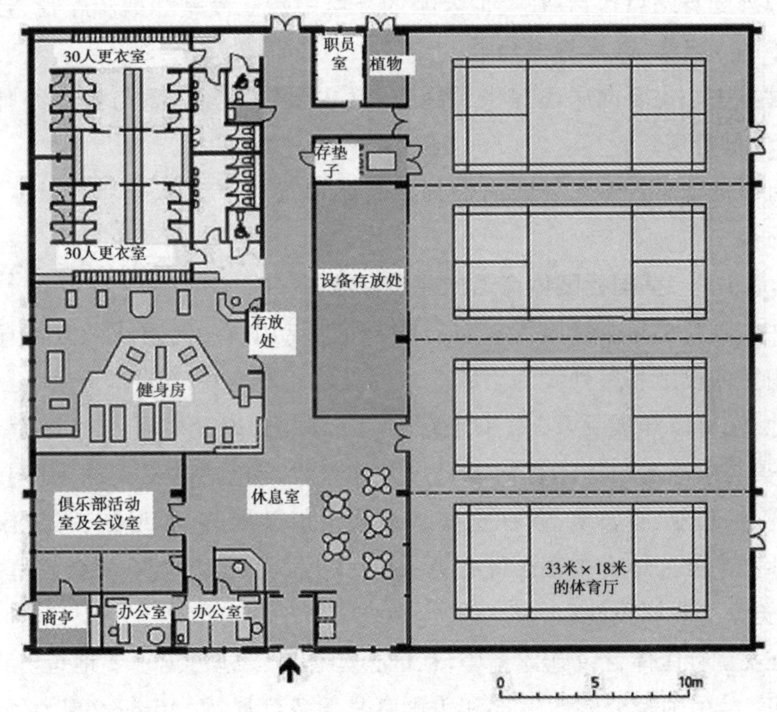

图 3 - 7　英国典型社区体育厅平面图

一个高质量的社区体育厅必须能够给人们提供一个尽情放松的环境,同时又能够满足人们不同层次的健身需求。它的吸引力必须超过商场、餐馆、电影院及其他休闲设施。社区体育厅内部一般包括休息室、饮食店和茶点室、更衣室和卫生间、残疾人设施、办公室、设备存放室、急救设施、洗衣店和植物间。

3.2.1.3　新加坡社区体育设施建设标准

新加坡 1975 年由体育理事会、教育部、国防部、园林署、康乐署和人民协会等 15 个部门联合制定实施了体育设施蓝图计划,在全国修建 15 个社区体育中心，规定20万人左右的居民区，必须建有一个社区体育中心。其标准为：一条跑道和一个运动场、一个游泳中心（包括3个50米的游泳池）、一个多用途的室内体育厅、一个健身中心、户外健身站点、一个有氧运动影音室以及会议室和办公室。

多用途的室内体育馆可开展下列体育活动：羽毛球、排球、篮球、掷网球、乒乓球、毕克球、网球、街头曲棍球等运动。

户外健身站点包括：在类似公园的环境中建立慢跑和散步路径，建立相对集中的太极拳、武术等健身点。

健身中心主要向居民提供设施齐备（主要包括降体重与提高心肺功能设备）的健身房。

有氧运动影音室主要向居民播放舞蹈以及有氧锻炼影片和录像，供居民学习。

3.2.1.4 美国社区体育设施建设标准

在美国几乎每个社区都有自己的社区活动中心，美国的社区体育中心一般由室内设施和室外设施组成。室内设施包括多用途的体育馆、健身房、游泳池等，可以开展乒乓球、羽毛球、游泳、舞蹈，以及电子与机械游戏、健身、健美与锻炼活动等体育活动。户外体育设施包括高尔夫球场、网球场、游泳池、钓鱼池、野营地等，在这些地方还可以开展骑马、滑翔、飞机模型等体育活动。社区体育中心还辟有更衣室、大厅、游戏室、俱乐部会议室、快餐店、阅览室等附属设施。

在美国社区体育设施体系中，社区公园体育设施占据重要地位。1956—1966年，美国国家公园服务部和美国森林服务部通过“Mission66”（第66号命令）规定了社区公园体育配套设施的标准（见表3－3）。

表3－3 美国城市社区公园系统基本情况

公园类型	公园面积	公园配置
小型公园	1～4英亩，每1000人拥有1/4～1/2英亩	通常是为某类特殊年龄群体设计的
街区公园	5～50英亩，每1000人1～2英亩	10%～20%的面积保持自然景观，其余地方则建有游泳池、体育活动设施、游戏场与运动场等。有些街区公园往往和学校的体育设施融为一体，可以满足不同年龄群体的体育需求

续表

公园类型	公园面积	公园配置
社区公园	50 ~ 400 英亩,社区每 1000 人拥有 5 ~ 8 英亩	20% ~ 40% 的面积保持自然景观。除常规体育活动场地外,还辟有高尔夫球场、儿童游戏场、野餐区域、运动场、游泳池、自行车与徒步旅行道
管区公园	400 ~ 800 英亩	40% ~ 60% 为自然景观。辟有自行车运动、徒步旅行、散步道路、高尔夫球场、野餐区域以及水上运动区域,可进行游泳、划船、垂钓等活动
地区公园	1000 英亩左右	在地区公园中 50% ~ 80% 是自然地带,可进行骑马、徒步旅行、自行车、野餐、划船、游泳、钓鱼、野营、冬季运动、登山以及其他体育活动

3.2.2　国外社区体育中心的管理经验

3.2.2.1　地方政府对社区体育设施的管理

西方发达国家主要由地方政府管理社区体育中心,主要承担以下职能:

(1)对社区体育中心提供财政补助,还通过免税、转让土地、底价出租土地等政策手段对其提供财政帮助。

(2)社区体育中心的建设与维护。

(3)加强法规制度建设。

(4)为社区体育中心的经营管理提供咨询。

(5)了解和研究社区成员的各种体育需求和兴趣,制订相应的体育活动计划。

(6)加强各种体育组织间的联络,促进信息流通。

3.2.2.2　国外社区体育中心提高经济效益的策略

第一,与有关体育社团密切合作。国外基层体育俱乐部是大众体育的基本组织载体,大多数基层大众体育俱乐部往往是以社区体育中心作为开展体育活动的基地。许多地方体育协会都设在社区体育中心,体育协会往往与社区体育中心共同安排俱乐部的活动。由于有体育协会和俱乐部的组织,使得社区体育中心的使用率及效益得到了充分的保证,同时通过俱乐部的组织使得居民参加体育活动井然有序,形成一种社区体育中心与体育社团相互协作、相互支持的运行机制(见图 3 - 8)。

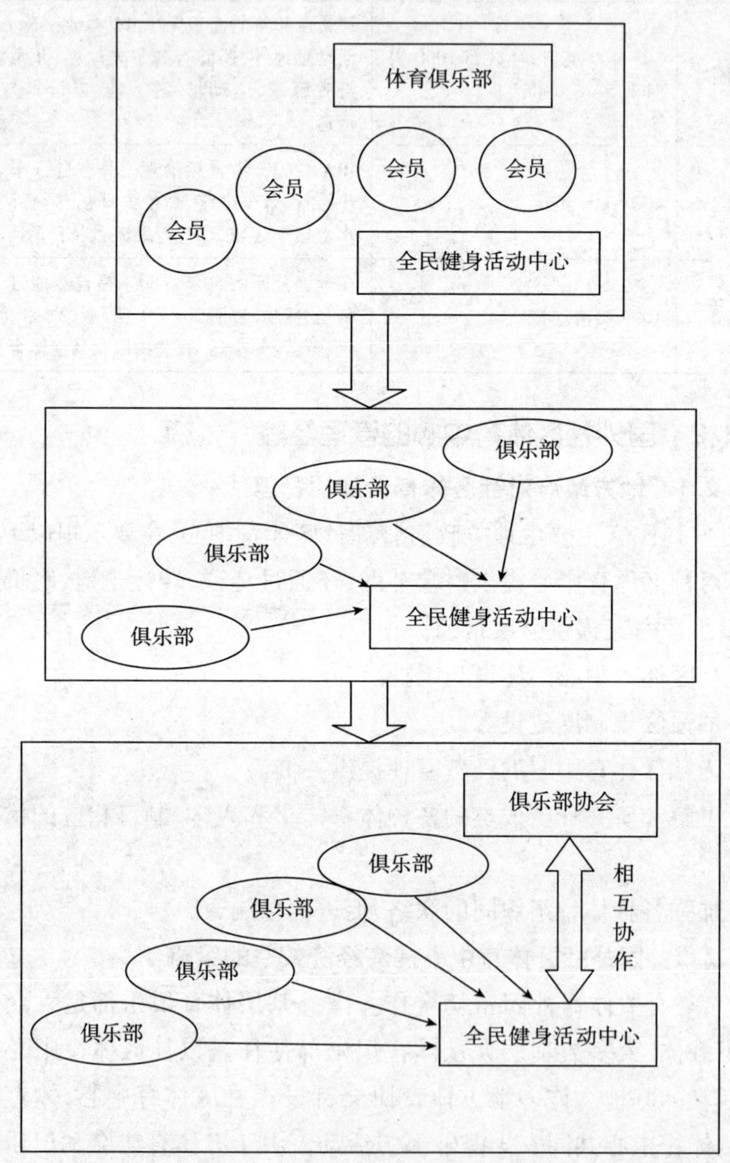

图3－8　国外基层体育俱乐部与全民健身活动中心的关系

第二,开展丰富多彩的体育活动。(1)组织赛事活动。国外许多基层赛事都是以社区体育中心为基地组织起来的。例如,新加坡体育理事会每年都以15个社区体育中心为单位组织选区体育比赛。所有社区居民都有权利参加选区体育比赛,比赛分成不同年龄组,比赛结果不完全依照比赛的结果来定,而是依据选区参加体育活动群体的广泛性来决定。

(2)通过活动的多样性吸引居民。能够开展丰富多彩的体育活动是国外社区体育中心的一个最基本的特点,也是社区体育中心能够生存发展的基本要求。国外社区体育中心体育活动的设计注重满足青少年、老年人、妇女等不同社会群体的体育需求。同时体育活动的设计不断推陈出新,推出能够吸引不同群体的独特的体育活动。例如,目前日本社区体育中心新增的健身项目大多是新兴的健身方法,如水中健身操、哑铃操、软式排球、木板冰壶、女子拳击等。

(3)国外社区体育中心往往是体育培训的中心。国外社区体育中心经常开展针对社区居民的各类体育培训活动,以使社区居民形成健康的生活方式。例如,新加坡体育理事会就以15个社区体育中心为基地开展门球、草地高尔夫球、迷你网球、简易篮球、毕克球、软式排球、台球、街头钩球、街头足球、游泳、乒乓球、太极拳、武术、网球、简易橄榄球、室内攀岩、百中滚球等体育项目的培训。

(4)社区体育中心是国民体质监测的基地,比如:在许多西方发达国家,社区体育中心是开展国民体质监测的基地,比如:新加坡体育理事会推行的"全国体能测验挑战奖""2.4公里跑步""2公里步行"等体质监测项目主要是以社区体育中心为基地进行的。欧洲"Euro Fit Test"测试也主要依托社区体育中心为社区居民提供体质监测。

第三,开展多种经营活动。国外社区体育中心除主要开展体育活动以外,也开展酒吧、桑拿、网吧、博彩等娱乐及其他经营活动,以丰富社区居民的娱乐内容,同时也能够在一定程度上增加收入。

第四,配备社会体育指导员、陪练员。国外许多健身中心都配备社会体育指导员和陪练员,社会体育指导员能够对参加健身活动的居民提供健身指导,同时也能够将新兴健身项目介绍给居民。陪练员是社会体育指导员的一种,主要是陪初学者进行练习。与一般社会体育指导员的区别在于,练得多,讲得少。配备社会体育指导员可以明显提高服务质量,易于吸引健身者。

第五,会员费组合营销战略。会员费收入是国外社区体育中心的最主要收入来源,也是健身中心赖以生存和发展的关键。国外社区体育中心除采用上述方法外,会员费的组合营销也是其成功的一大要素。国外社区体育中心还可以通过体育彩票、融资活动(如若干健身中心组成集团上市)、志愿者劳动、捐赠、赞助、场馆出租等渠道获得可观的收入。

第 2 篇

北京市居住区配套体育设施现状调研分析

第 4 章　北京市居住区体育配套设施的总体情况

4.1　北京市居住区配套体育设施调查范围方法

4.1.1　调查范围

此次调查范围是北京市 18 个区县和亦庄地区已经入住的城市住宅小区。住宅小区类型可分为独立商品房居住区、住宅片区以及企事业单位家属院三类。独立商品房居住区住宅类型是普通集合住宅或公寓小区，不包括平房、别墅和联排别墅；住宅片区是指建设周期较长、建设主体分散、建筑楼群集中并由一个居委会管理的楼房片区；企事业单位家属院由单位连片建设、本单位职工居住的楼房住宅区。

居住小区、片区及家属院的规模划定为常住人口 3000 人以上(含 3000 人)。规模划定的依据是 2006 年以前指标规定的需要建设配套设施的最小规模。

时间划定是 1986 年以后建成并入住的住宅区。时间界限划定的依据是我市第一个居住区配套指标《北京市新建居住区公共设施配套建设定额指标》是 1985 年 12 月 1 日开始实行的。

4.1.2　调查内容

本次调查内容包括三大部分：

第一部分是《住宅小区体育设施总体情况表》，通过本表可以摸清居住小区的基本信息和体育配套设施的基本情况，主要数据是小区室内外体育设施的建筑总面积与场地总面积。

第二部分是《住宅小区配套体育设施经营情况表》，是为了摸清居住小区中配套体育设施的经营情况，主要数据是正在经营的体育设施建筑总面积和场地总面积，以及主要经营项目和盈亏状况。

第三部分是《街道或居委会所属文体活动场所调查表》，主要是为了摸清由街道和居委会建设、改建和掌管的，为小区或地区居民体育健身服务的室内建筑总面积和室外场地总面积。

4.1.3 调研方法

此次课题调研采取了资料比较、现状调查、实地访谈、数据分析等研究方法。现状普查采用问卷调查、电话回访、个案调查相结合的方式。

(1)问卷调查：首先由区县体育局将调查表发到街道办事处，再由街道办事处负责发到每个居委会，社区居委会负责协调相关的房产管理部门或物业管理公司共同填写后返回，然后进行数据录入和整合分析。

(2)电话回访：调查表收回后由首都经贸大学调研团队对调查表进行归整和筛选，并进行大规模的电话回访，以确认数据的准确性和真实性，补充遗漏信息、矫正数据偏差。

(3)卫片核查：借助 Google 卫星图片，对部分居住区室外体育场地进行核对。

(4)个案探访：在上述工作的基础上，分类选取典型个案，进行实地调研，勘验调查表中的数据，与小区居委会、体育设施管理人员及居民座谈，整体掌握个案小区体育配套设施的建设、管理、使用情况，以便发现问题、总结经验。

4.1.4 调研过程

现状调查经过了五个阶段。期间因奥运会举办中断了 3 个月。

第一阶段：前期准备阶段。(2008 年 1—6 月)

在北京市体育局的指导下，首都经贸大学调研组开展了资料收集、调研方案设计、指标归类及表格设计工作。2008 年 4 月，成立了由市人大常委会教科文卫体办公室、市体育局、市社会建设工作办公室、市规划委员会等相关部门，区县体育局组成的联合调查组，研究审定了调研实施方案。

第二阶段：试点调研阶段(2008 年 10—11 月)

奥运会后，联合调查组研究、细化现状调查方案，确定先由石景山区开展试点调查，通过试点地区问卷发放、调查数据整理和分析，进一步调整调查方案,在试点经验的基础上修正了调查表格,并培训了调查人员。

第三阶段:问卷调查阶段(2008 年 12 月至 2009 年 1 月)

由市体育局组织召开 17 个区县和亦庄地区体育配套设施调查动员大会,对区县体育局调查工作人员进行了培训。17 个区县体育局和亦庄地区相关部门向街道办事处和居委会发放了问卷。

在问卷发放填报过程中,开展了分区辅导培训、调查员电话咨询、面对面沟通,然后通过市、区体育局回收问卷。

第四阶段:数据分析与回访(2009 年 2—4 月)

建立数据整理分析模型,开展了 18 个区县和亦庄调查问卷筛查与电话回访、问卷数据录入、数据校核与分析工作。对 50% 以上的调查问卷进行了电话回访,确认填报情况的质量,矫正数据偏差。

因数据技术原因对延庆县和东城区进行了补调,并重新进行了数据整合。

第五阶段:个案调查和报告撰写阶段(2009 年 3—4 月)

结合数据分析对筛选出的个案进行归类,找出有代表性的个案,对房山区碧桂园一、二期等十余个居住区进行了个案调查,与小区、居委会、居民物业管理人员进行了充分沟通,照了大量照片,对反映出的问题和经验进行了总结,并开始撰写调研报告。

4.1.5　问卷回收

经过街道办事处向街道居委会发放调查问卷 1630 余份,回收问卷 1622 份。其中符合调查范围的问卷 906 份,不符合调查范围的问卷 716 份。不符合调查范围的问卷分三种情况,一类是 1986 年以前建设的住宅小区;一类是常住人口不足 3000 人的小区和片区;还有一类是住宅类型是平房区、军队大院的宿舍、别墅区等。

符合调查范围的 906 份问卷中,对 498 份问卷进行了电话回访和实地回访。

4.2　居住区配套体育设施总体情况

4.2.1　调查涉及居住区总体情况

在符合调查范围的 906 份问卷中,涉及住宅总套数 186.65 万套,住宅总建筑面积为1.89亿平方米，户均住宅建筑面积为101平方米；常住人口531.52万人，户均人口为2.85人。独立商品房小区554个，占61.15%；住宅片区321个，占35.43%；企事业单位直属宿舍31个，占3.42%（见图4-1）。

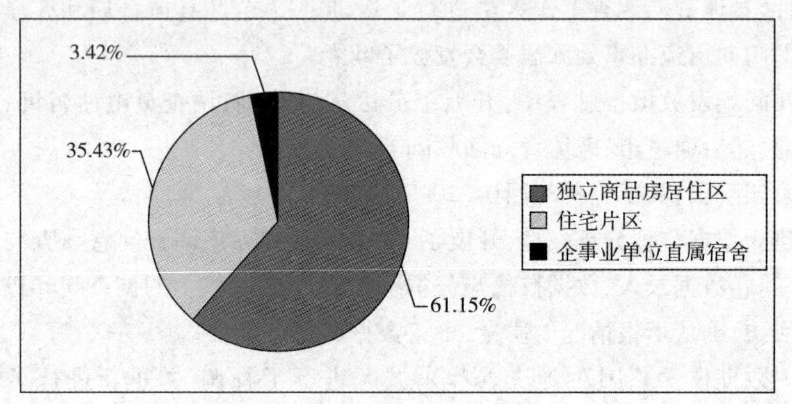

图4-1 现状调查居住区类型比例

4.2.2 居住区体育配套设施总体规模

在906个居住区中，建有体育配套设施的小区464个，占51.21%；没有体育配套设施的小区442个，占48.78%。

在464个有体育配套设施的居住区中，有室内体育场所的小区241个，占51.94%，占所有小区的26.6%，室内体育配套设施建筑面积总计31.91万平方米。

室内体育配套的建筑面积有些商品房小区是独立的健身会所，功能齐全、设施齐备，常带有游泳池；有些小区是单个体育活动室，如乒乓球室、棋牌室；有的只在地下室开辟一个活动空间，设施单一、条件简陋。企事业单位家属院配建的室内体育活动场所一般规模较大且设备齐全，并兼有职工休闲娱乐功能。

在464个有体育配套设施的居住区中，设有室外体育活动场地的小区400个，占86.21%，占所有小区的44.2%，室外体育活动场地占地面积总计32.29万平方米。

室外体育活动场地包括带有设施的专项体育活动场地（约25%）、小区健身路径（约30%）和小区内的文体活动广场或能够进行多人简单体育活动的楼间空地（约45%）。

4.2.3　街道及居委会所辖体育设施总体规模

鉴于 20 世纪 90 年代末加强社区服务中心建设以来，大部分社区设立了文体活动室，逐渐开辟了文体活动场地，成为居民文体活动的重要场所，因此将街道及居委会所属体育设施纳入了本次调查的范围。街道及居委会所属体育设施是指居住区所在街道或居委会改建、扩建、所属或管理的体育活动场所及场地，这类设施有政府投资独立建设的、有开发商配建后由居委会管理的，也有利用闲置土地改建的，还有租借的，甚至有与单位联合使用的。有些设施的场地是在河边、绿地边和马路边上，还有一些设置在闲置或临时用地上，也有部分是小区内部的空地。

在 906 个居住区中，有居委会或街道管理的文体活动场所 538 个，占总数的 59.38%，其中有室内文体活动场所 434 个，有室外文体活动场地 360 个。

居委会室内文体活动场所建筑面积总计 8.62 万平方米。主要从事的文体活动项目有棋牌、舞蹈、乒乓球、书画、合唱等。

室外文体活动场地占地面积 25.96 万平方米。主要从事的文体活动项目有羽毛球、柔力球、乒乓球、太极拳、秧歌队、器材健身等。

4.3　体育配套设施千人指标情况

为了考察现状体育配套设施情况与规划指标的差距，我们将全市现状体育配套设施的平均数据与 2006 年版规划指标进行了比较。本次调研使用的室内体育设施指标，是取 0.7 万人口以上的居住区室内文体指标（200 平方米/千人）的一半，具体指标为 100 平方米/千人；室外文体指标则取（400 ~450 平方米/千人）低限的一半，具体指标为 200 平方米/千人。这两个指标与国家体育总局给出的指标大体相当。

需要说明的是，本次调查的对象建设跨度时间较长，自 1986 年至今居住区配套体育设施的室内指标经历了从无到有的过程，而室外指标始终保持在较高的水平上。我们是按照 2006 年的室内指标对不同时期的居住区配套设施的建设情况进行衡量和评价的，因此得出的千人指标不能直接反映各个历史时期居住区指标的执行情况。另居住区规模不同给出的指标也不同，考虑到分析的便利也采用了 2006 年版单一指标。

室外指标在1985年指标中就已经达到200平方米/千人,以后历年的指标变化不大,因此采用2006年版单一指标可以粗略地反映现状体育设施平均指标与现行指标的差距。在指标比较中仍忽略了不同规模的指标差异,采用的是平均值与单一指标比较的方法。

4.3.1 居住区体育配套设施千人指标情况

以有效调查人口(531.53万人)为基数,室内体育活动场所总建筑面积为31.91万平方米,室内体育活动场所千人平均指标达到60.03平方米/千人。以有效调查人口(531.53万人)为基数,室外体育活动场地占地面积为32.29万平方米,室外千人平均指标达到60.76平方米/千人。从现状的完成情况看,室内外体育配套设施平均千人指标与规定指标差距较大,其中室内为现状指标的60.03%;室外指标完成的情况更不理想,仅完成了30.38%(见图4-2)。

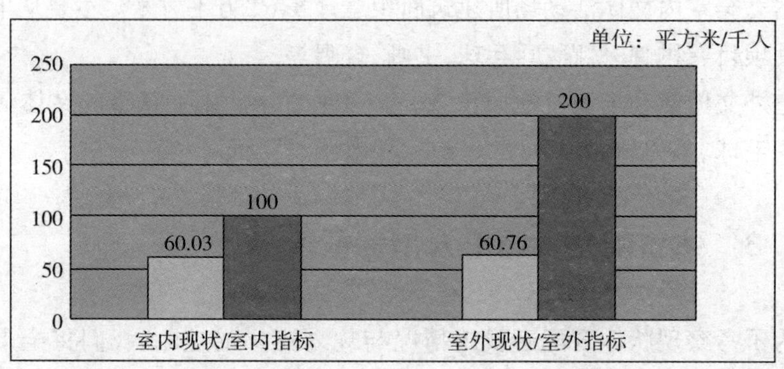

图4-2 现状居住区体育配套设施平均指标与规划指标比较

4.3.2 居民可享受体育配套设施千人指标情况

如果把街道和居委会所辖的体育设施加上,居民可享受体育设施的千人指标将适当增加。考虑到街道和居委会所辖的室内外文体活动场所大部分为专项体育设施,一部分为文体综合设施,所以将设施总面积的70%计算为体育设施,将30%计算为文化设施,不计入平均值中。将居住区和街道及居委会的体育设施合并计算,体育设施平均千人指标,室内为68.14平方米/千人,比规划指标少31.86平方米/千人。室外为85.18平方米/千人,比规划指标少114.82平方米/千人。

4.4　北京市居住区体育配套设施经营情况

4.4.1　经营性体育配套设施的总体情况

调查居住区体育设施经营管理情况，可以为制定配套体育设施经营管理的政策提供参考。在建有体育配套设施的 463 个居住区中，有经营性体育配套设施的 150 个，占 463 个居住区的 32.4%，占全部调查居住区的 16%（见图 4－3）。其中，经营的室内体育活动场所建筑面积总和为 29.17 万平方米，占室内体育活动场所总数的 91.41%，也就是说绝大部分室内体育配套设施都是用于经营的。经营性室外体育活动场地占地面积为 8.40 万平方米，占室外体育活动场（32.29 万平方米）的 26.01%。

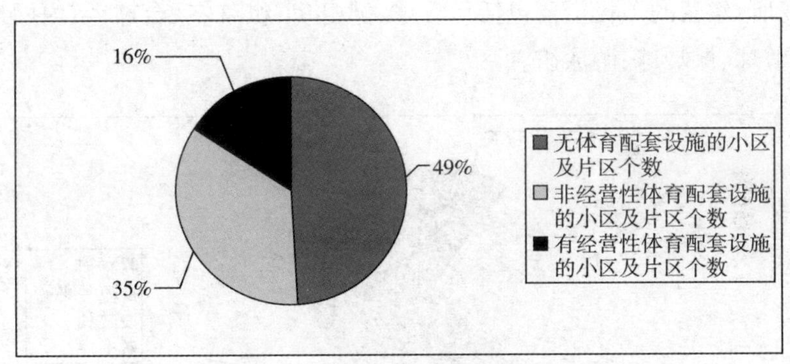

图 4－3　经营性体育配套设施所占比例

从配套体育设施的建设历程上看，北京市经营性居住体育配套设施从数量、质量等各方面小区间的差距都较大。在全市现有的 150 个经营性体育配套设施中，1985 年以前建设的为零，1985—1994 年建设的仅有 2 个，1994—2002 年建设的有 59 个，占总量的 39.33%，2002 年以后建设的有 89 个，总量的 59.33%（见图 4－4）。也就是说，98.7% 的经营性体育设施是随着商品房小区数量的增长而快速增加的。

4.4.2　室内体育配套设施经营情况

4.4.2.1　经营情况

经营性室内体育场所中，盈亏平衡的占 28.36%，微利的占 27.61%，两项合计约为 56%，可以看出多数经营性室内体育场所能够维持运营。亏损

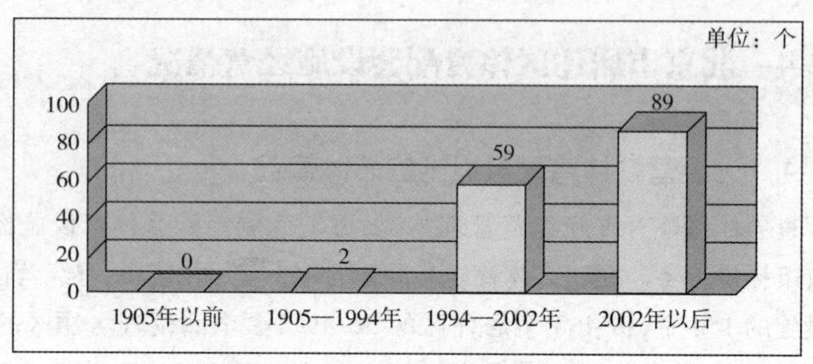

图4-4　经营性体育配套设施历年建设数量表

的为33.58%，盈亏状况不详的为10.45%（见图4-5）。

在经营性体育配套设施中，室内体育设施多为综合性会所或单项体育经营场所，经营的项目主要包括乒乓球、健身房、棋牌室、台球、室内网球、羽毛球、壁球、保龄球、游泳馆。

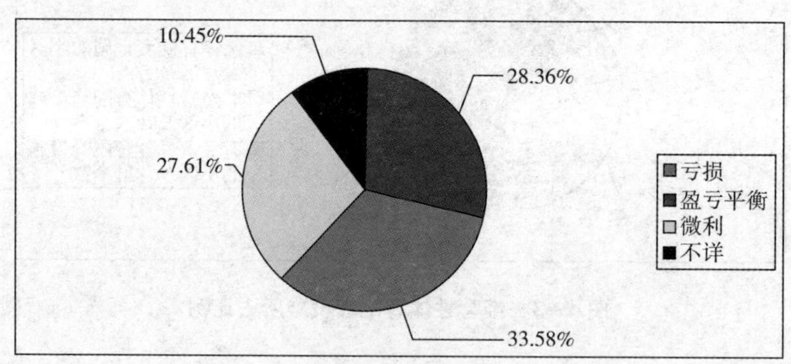

图4-5　经营性室内体育配套设施盈亏情况

4.4.2.2　项目构成情况

经营性体育配套设施室内与室外项目构成受各方面限制有所不同。

室内经营性体育设施多为综合性会所或单项体育经营场所，经营的项目主要包括乒乓球、健身房、棋牌室、室内网球、游泳馆等。在281处室内经营性体育配套设施中，有乒乓球95个，健身房79个，棋牌室46个，游泳馆44个，其他37个（见图4-6）。

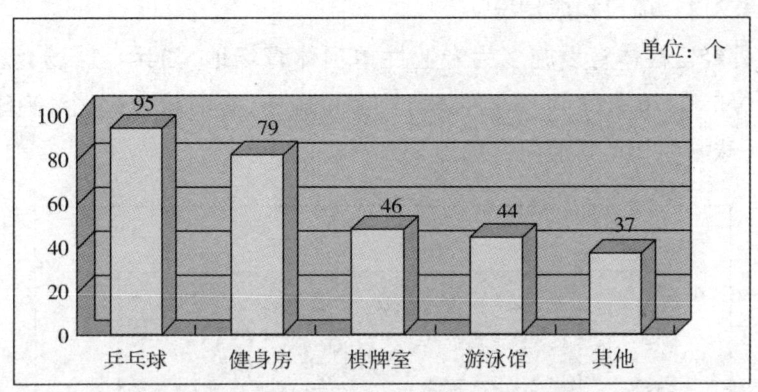

图 4－6　北京市室内经营性体育配套设施项目构成

4.4.3　室外体育配套设施经营情况

4.4.3.1　经营情况

室外体育活动经营性场所中，盈亏平衡的占 27.27%，微利的占 15.91%，两项合计为 43.18%，即不到一半的经营性体育活动场地可以维持正常运营。亏损的占 31.82%，盈亏状况不详的占 25%（见图 4－7）。

室外多为单项体育场地，如乒乓球场、篮球场、笼式足球场、网球场、羽毛球场等。

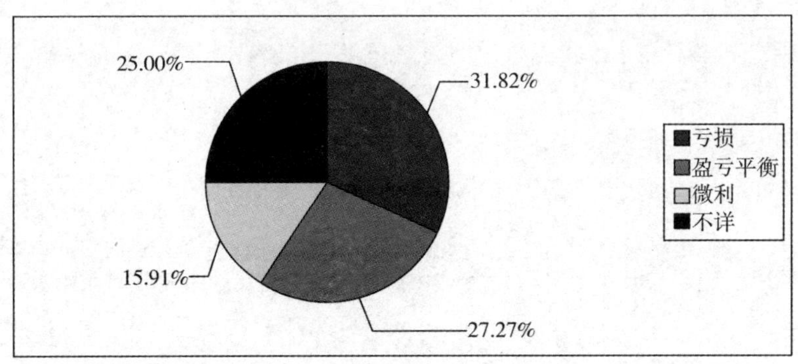

图 4－7　经营性室外体育配套设施盈亏情况

从体育设施经营情况看，经营设施比例占 32%，其中盈利和维持平衡的将近 50%，总体情况较好。

4.4.3.2 项目构成情况

室外经营性体育设施多为专业性单项体育场地，如乒乓球场、篮球场、网球场等。在 76 处室外经营性体育配套设施中，有网球场 45 个，篮球场 27 个，乒乓球场 24 个，其他项目场地 21 个（见图 4－8）。

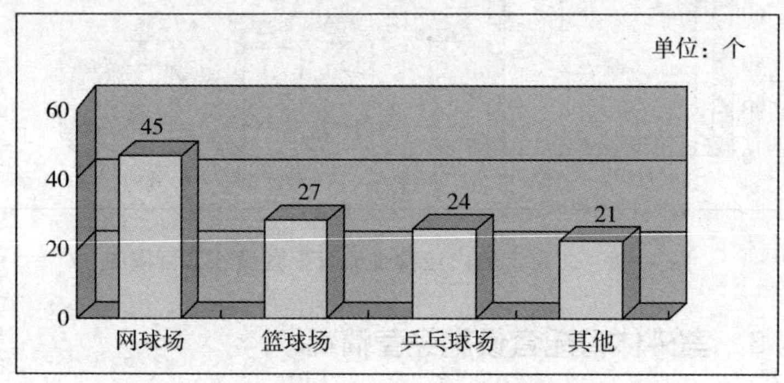

图 4－8 北京市室外经营性体育配套设施项目构成

第 5 章　北京市居住区体育配套设施区域和类型情况比较

5.1　区域情况比较

5.1.1　18 个区县体育配套设施千人指标排序

5.1.1.1　室内千人指标排序

在居住区人均室内活动场所面积千人指标中，情况较好的依次为朝阳、海淀、崇文、东城、顺义；其次依次为宣武、亦庄经济技术开发区、密云、西城、丰台、通州、大兴、房山、昌平、门头沟、怀柔、平谷、石景山、延庆。室内体育配套设施建设情况较好的区县主要原因是商品房小区建设的数量较大，或者是在有效的调查问卷中有室内配建的商品房小区数量较大。分布情况详见图 5－1。

5.1.1.2　室外千人指标排序

在居住区室外活动场地面积千人指标中，情况较好的依次为房山、通州、门头沟、顺义；其次依次为丰台、亦庄经济技术开发区、海淀、昌平、密云、怀柔、崇文、朝阳、西城、延庆、石景山、东城、大兴、平谷、宣武。室外体育场地的情况较好的区县集中在新城地区，这与新城地区住宅小区建设密度较低、室外场地面积较大有关。分布情况详见图 5－2。

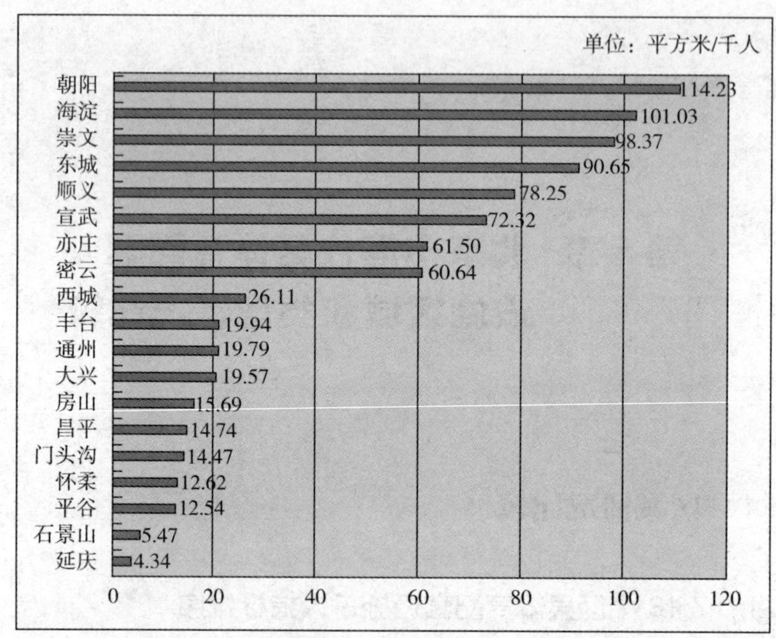

图 5－1 18 个区县及亦庄地区室内体育配套设施千人指标比较

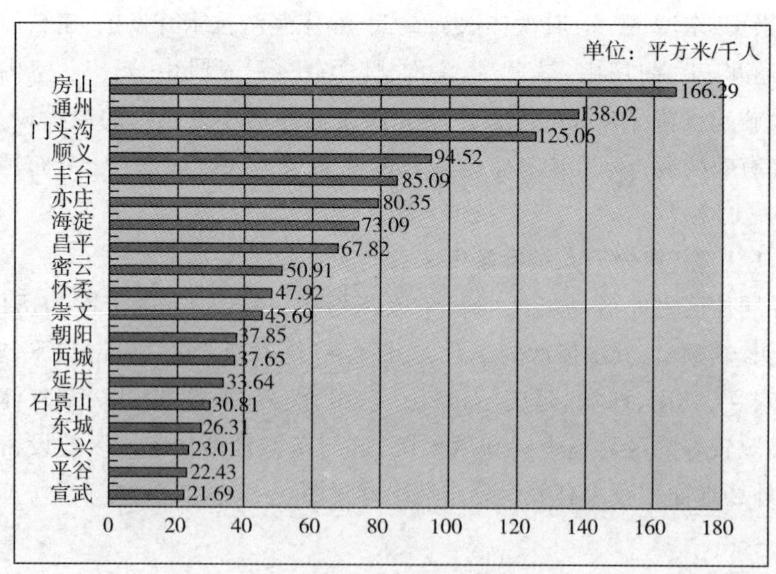

图 5－2 18 个区县及亦庄地区室外体育配套千人指标比较

5.1.2　城四区体育设施配建情况比较

5.1.2.1　室内体育配套面积和千人指标

城四区涉及的调查对象中，崇文区（现划入东城区）室内体育配套有效建筑面积为 9745.15 平方米，千人指标为 98.37 平方米；东城区室内体育配套建筑面积为 11786 平方米，千人指标为 90.6（现划入西城区）5 平方米；宣武区室内体育配套建筑面积为 23311.5 平方米，千人指标为 72.82 平方米；西城区室内体育配套建筑面积为 3590 平方米，千人指标为 26.11 平方米（见图 5－3）。崇文区（现划入东城区）室内指标情况较好主要是因为有两三个大型房地产开发项目如天天家园、富贵园等建设了 3000—4000 平方米的独立体育会所，使得平均指标上升。

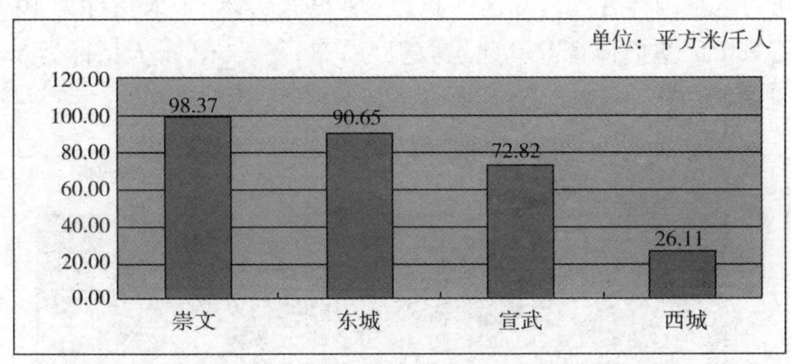

图 5－3　城四区室内体育配套设施平均数值比较

5.1.2.2　室外体育配套面积和千人指标

崇文区（现划入东城区）室外体育配套有效占地面积为 5840 平方米，千人指标为 45.69 平方米；西城区室外体育配套占地面积为 6680 平方米，千人指标为 37.65 平方米；东城区室外体育配套占地面积为 3420.08 平方米，千人指标为 26.31 平方米；宣武区（现划入西城区）室外体育配套占地面积为 3013 平方米，千人指标为 21.69 平方米（见图 5－4）。四城区室外体育活动场地的总体水平都不高，商品房开发和分散的片区开发都没有实现给定的体育配套的规划指标。

5.1.3　朝海丰石四城区体育设施配建情况比较

5.1.3.1　室内体育配套面积和千人指标

朝阳区室内体育配套建筑面积为 150946 平方米，千人指标为 114.23 平

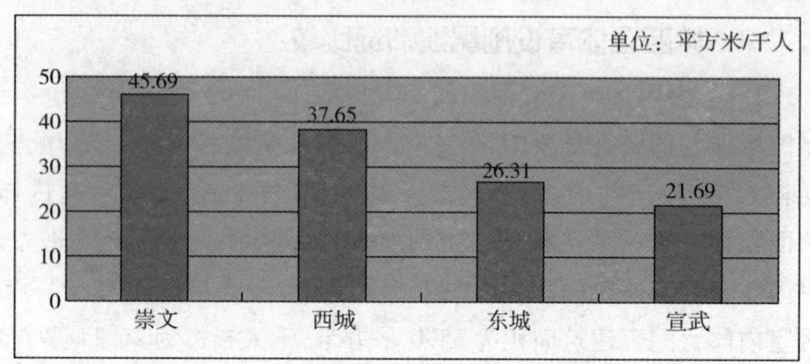

图 5 -4　城四区室外体育配套设施平均数值比较

方米；海淀区室内体育配套建筑面积为 52318 平方米，千人指标为 101.03 平方米；丰台区室内体育配套建筑面积为 15409 平方米，千人指标为 19.94 平方米；石景山区室内体育配套建筑面积为 1284 平方米，千人指标为 5.47 平方米（见图 5 -5）。

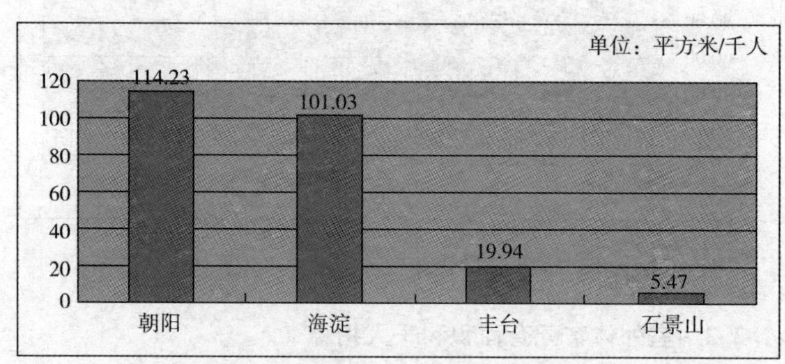

图 5 -5　朝海丰石四城区室内体育配套设施平均数值比较

5.1.3.2　室外体育配套面积和千人指标

丰台区室外体育配套占地面积为 65766 平方米，千人指标为 85.09 平方米；海淀区室外体育配套占地面积为 37852 平方米，千人指标为 73.09 平方米；朝阳区室外体育配套占地面积为 50020 平方米，千人指标为 37.85 平方米；石景山区室外体育配套占地面积为 7226 平方米，千人指标为 30.81 平方米（见图 5 -6）。

5.1.4　远郊区县和亦庄经济技术开发区体育设施配建情况比较

5.1.4.1　室内体育配套面积和千人指标

顺义区室内体育配套建筑面积为 16339 平方米，千人指标为 78.25 平方

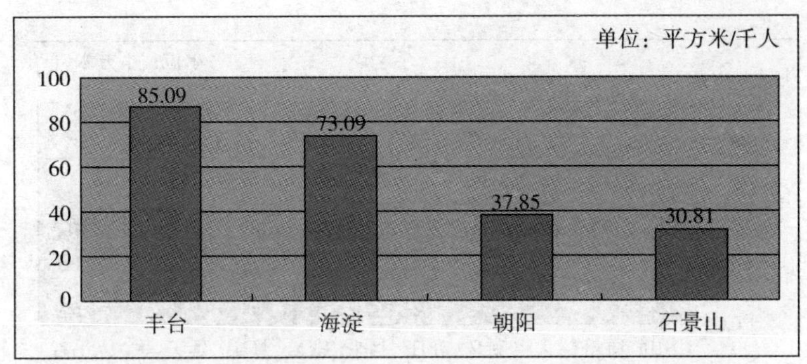

图 5－6　朝海丰石四城区室外体育配套设施平均数值比较

米；亦庄经济技术开发区室内体育配套建筑面积为 2100 平方米，千人指标为 61.5 平方米；此后依千人指标次序为密云县、通州区、大兴区、房山区、昌平区、门头沟区、怀柔区、平谷区、延庆县（见图 5－7）。

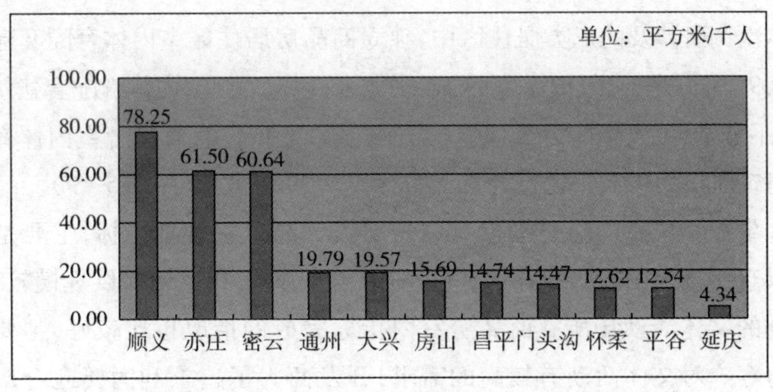

图 5－7　远郊区县和亦庄地区室内体育配套设施平均数值比较

5.1.4.2　室外体育配套面积和千人指标

房山区室外体育配套占地面积为 26084 平方米，千人指标为 166.29 平方米；通州区室外体育配套占地面积为 37538 平方米，千人指标为 138.02 平方米；此后依千人指标次序为门头沟区、顺义区、亦庄经济技术开发区、昌平区、密云县、怀柔区、延庆县、大兴区、平谷区（见图 5－8）。

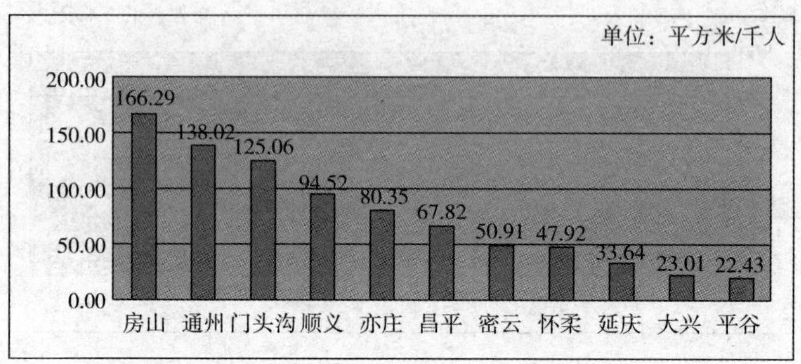

图 5－8　远郊区县和亦庄地区室外体育配套设施平均指标比较

5.2　三种类型居住区情况比较

本次调研涉及的三类居住区中，独立商品房居住区室内体育配套建筑面积 256091 平方米，千人指标为 83.06 平方米；住宅片区室内体育配套建筑面积 49277 平方米，千人指标为 23.76 平方米；企事业单位直属宿舍室内体育配套有效建筑面积 21923 平方米，千人指标为 129.39 平方米（见图 5－9）。

企事业单位室内配套指标完成情况大大超过了规划指标，主要是因为单位以直接投资的形式自建居住区，通常会为职工和家属提供规模较大、设施齐全的文体活动场所。商品房室内指标完成的情况也比较好，主要是因为购房客户对文体活动有较高的需求，开发商为了追求利润要迎合市场的需求，以便在激烈的市场竞争中赢得客户认同。

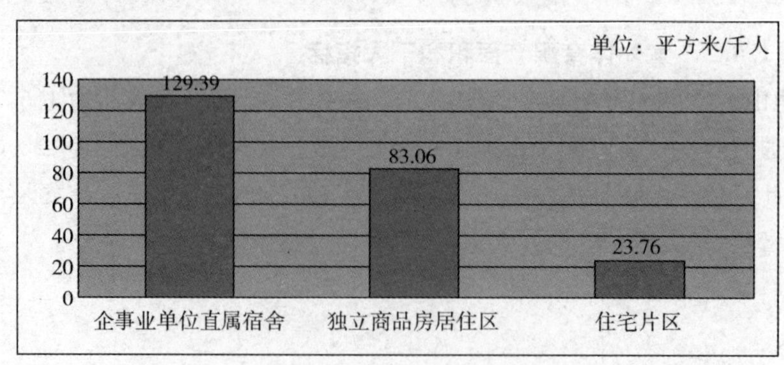

图 5－9　三种类型室内体育配套设施平均数值比较

独立商品房居住区室外体育配套占地面积 255476 平方米，千人指标为 82. 86 平方米；住宅片区室外体育配套占地面积 71694 平方米，千人指标为 34. 57 平方米；企事业单位直属宿舍室外体育配套占地面积 10819 平方米，千人指标为 63. 85 平方米（见图 5 – 10）。

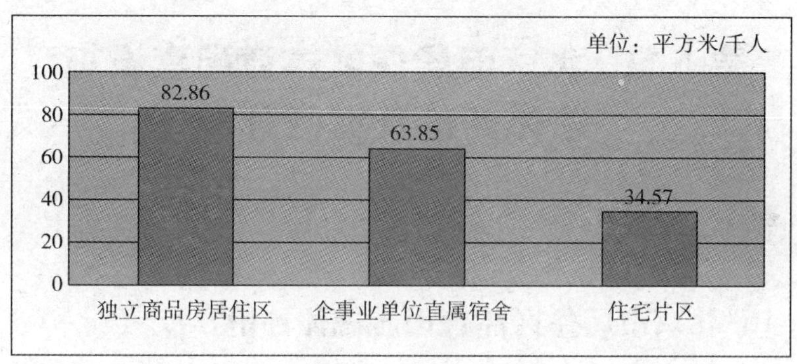

图 5 – 10　三种类型室外体育配套设施平均数值比较

从以上的比较分析可以看出，居住区体育配套设施的分区情况是，室内体育设施朝阳、海淀相对较好，主要是因为两区商品房开发项目较多。室外体育场地房山、通州、门头沟相对较好。三种类型中，企事业单位家属院的室内体育配套指标超过了规划指标，独立商品房居住区接近指标，片区平均指标差距较大。室外体育场地各类居住区完成的都比较差，完成指标最高的是独立商品房居住区，仍未达到指标的一半。

第6章 北京市居住区体育配套设施总体评价及案例分析

6.1 北京市居住区体育设施总体评价

北京市居住区配套设施指标管理已经有二十多年的历史。总体来看，居住区及其公共服务设施配套建设的水平有很大提升，居住区的体育配套设施建设数量和水平也有较大改善，特别是随着住房体制改革和房地产市场化的推进，商品房项目建设的增多，室内体育配套设施的建设水平亦有很大提升，产生了一些具有高质量体育配套设施的小区。同时居住区配套建设存在的问题也逐渐暴露出来，体育配套设施也存在少建、漏建等不容忽视的问题。

6.1.1 体育配套设施总体数量不能满足居民需求

经过举办亚运会、大学生运动会和奥运会，北京市大型体育设施的建设水平已经位居全国各大城市前列，但居住区体育设施的数量仍不能满足居民需求。现状居住区体育配套设施平均指标与现行规划指标差距较大。室内体育活动场所平均千人指标为60.03平方米，相当于现行指标的60.03%。室外平均千人指标为60.76平方米，仅相当于现行指标的30.38%。大众性室外体育活动场所严重缺乏，特别是配有专项体育器材的各类球场、运动场极其缺乏，居民呼声强烈。

6.1.2 项目之间和地区之间差异巨大

调查得出的配套指标反映的是总体平均情况。实际情况是不同项目之间、不同地区之间、不同年代建设的小区，体育设施配套情况差异巨大。中高档商品房居住区,如富力城、怡海花园、清芷园、朗琴园等以会所的形式配置了较高水平的体育、康乐设施。大量的普通商品房和一部分经济适用房体育配套设施较少。区域间分布不平衡突出体现在朝阳区和海淀区配套的平均水平比较高,朝阳区和海淀区体育配建室内千人指标分别达到了 114.23 平方米和 101.03 平方米;而丰台区室内体育配套建设较低,丰台区室内体育设施平均千人指标只有 19.94 平方米,在 107 个商品房小区中,83 个没有建设室内设施,73 个没有建设室外设施。部分远郊区县的室外体育场地大大高于城四区。

住房商品化以后配套设施建设情况好于以前。以商品房开发较多的朝阳区、海淀区为例,1986 年到 1997 年建设的居住区室内体育配套设施的千人指标分别为 35.08 平方米和 54.35 平方米。1998 年以后朝阳、海淀两区开发的居住区室内体育配套设施的千人指标分别为 188.79 平方米和 121.49 平方米,是以前的 5 倍和 2 倍多,平均千人指标也大大超过了 2006 年版规划指标(见图 6－1)。

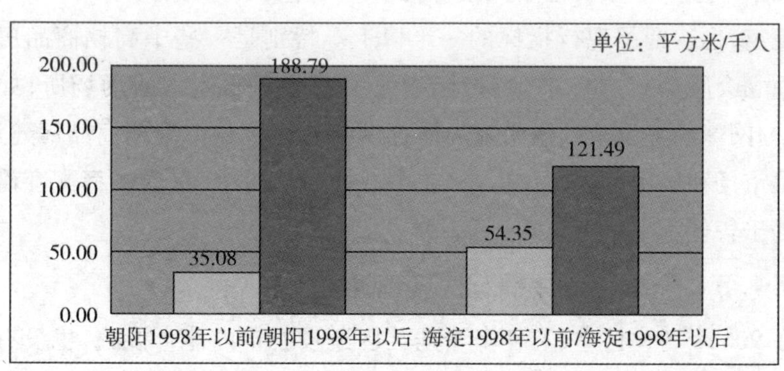

图 6－1 朝阳、海淀两区 1998 年前后室内体育配套设施千人指标变化

6.1.3 整体建设的小区好于分散建设的片区

由于居住区配套设施是按照项目人口规模进行配置的,2006 年以前的指标中大型居住区配置水平较高,小型项目配置水平较低,使整体开发建设的居住区项目配套设施建设情况好于分散建设的项目。从独立商品房小区、居住片区两种类型比较来看,商品房小区和居住片区室内指标分别为 83.06 平方米/千人和 23.76 平方米/千人;室外指标分别达到 82.86 平方米/千人和 34.57 平方米/千人。

集中开发的较大规模的居住区可以优化选址、集中建设、统一管理室内、室外体育设施。不同时期分散建设形成的居住片区,因规模较小,建设主体分散,难以成规模的建设体育配套设施。

6.1.4 室内设施数量高于室外设施

北京市室外体育设施指标自1986年开始基本与先行2006年版规划指标水平一致,但调查发现室外体育设施配建与规划要求差距很大,平均千人指标仅为60.76平方米,只是规划指标的30.38%。调研中没有发现一例室外体育设施达到2006年版规划指标的成规模的居住区。现有室外体育配套设施主要是文体综合活动场地和健身路径,专项的、标准的、配有相应设施的室外体育场地比较少。建设质量不高,配置水平较差,大部分室外场地为楼间空地,无配置的体育设施,面积较小。免费的专项场地更是少之又少,并且无人维护,设施老旧,难于更新。

与此相反,2006年以前的配套指标对室内体育设施要求很低,但实际情况是北京市室内体育设施千人指标为60.03平方米,超过了2006年以前的指标规定,也达到了现行指标的一半以上。特别是一些中高档商品房居住区以独立会所形式高标准、超指标建设了一些专业体育活动场所,如游泳馆、室内网球场等设施。说明室内体育设施的建设在中高档商品房建设中,适应了市场和居民的需求。但是,在中低档商品房中,室内体育配套设施建设仍处于较低水平。

6.1.5 少建和漏建情况比较普遍

在906个居住区中,有442个居住区既没有室内体育设施,也没有室外体育活动场所,占48.78%。几乎所有居住区的室外体育设施均不达标。大量存在着少建和漏建体育配套设施的小区分以下几种情况:

第一类是成规模建设的商品房小区开发商未按照规划指标配建体育设施,如典型的房山区的碧桂园一期一、二区,建设规模约15万平方米,竣工年份是2003年,没有任何体育设施配建。

第二类是开发商由于资金等原因分批分期建设,切碎了地块、缩小了规模,规避了体育配套设施的建设,如丰台区的万年花城共200万平方米,分6期建设,仅有一个小规模会所,尚未投入使用。

第三类是小区临近大型公共体育设施、大学、办公楼或其他商业游乐场所,开发商借此不建小区内部的体育配建。

第四类是因早期的设计方案中没有标明体育配套设施的性质和位置,或建有综合型会所,房屋销售当初虽承诺有体育配套设施,销售后将会所产权转让或租赁转包,转变了原有的体育使用功能。

第五类是小区建有体育配套设施,但由于各种原因多年未投入使用,在调查表中反映为没有体育设施。

第六类是大量房改房小区,建设主体为企事业单位,建设目的是为了解决本单位职工的住房问题,对居民体育设施的配套考虑不多,没有执行规划指标。

第七类是部分经济适用房小区,由于建设成本紧缩,销售价格受限,居住群体收入偏低,小区也没有配建体育设施。有个别的经济适用房小区是销售困难的商品房小区,由于配套不齐等原因转作经济适用房,在小区配套上本来就存在缺陷。

6.1.6　体育设施经营情况看好

调查发现,随着市民生活水平的提高,居民对健身康乐的需求日益提高。由于居住区人口密度较大,大众体育休闲设施又较少,98.7%的室内体育配套设施采取了经营的方式,且现有体育设施的经营状况尚好。无论室内还是室外体育设施,盈利和盈亏平衡的均占到一半以上。经营性体育设施一般都对居住区外的居民开放,部分设施对小区居民给予一定的优惠。经营者通过价格来调节顾客人数,有的小区为了保持较好的服务品质,将价格定得较高。价廉质优的大众体育公共服务设施仍不能满足社会需求。

6.1.7　社区(街道及居委会)体育场地发挥作用较大

在906个居住区中,有538个小区有居委会或街道管理的文体活动场所,占总数的59%。其中有室内文体活动场所434个,8.62万平方米;室外文体活动场地360个,25.96万平方米。室外文体活动场地总量已经接近居住区内室外体育活动场地的总规模,在居民文化体育生活中发挥着重要的作用。有些居委会则把体育设施场地设在居住区外,对社区所有居民开放,一般有专人管理,能坚持定期维护,即使收费也比较低廉,受到广大社区居民的一致好评。

6.2 北京居住区体育设施配套典型案例

6.2.1 居住区体育设施配建缺失的案例

6.2.1.1 无体育设施配建——房山碧桂园

碧桂园小区(一、二期)位于房山区长阳街道,该小区于2003年建成并入住,共有住宅1568套,常住人口4390人,建筑面积15万平方米。

小区配套建设严重缺乏,小区内没有单独的居委会办公用房,更没有供居民开展体育活动、文化活动的场地(见图6-2)。居委会办公地点只能设在小区调压站顶层。居委会与开发商多次协调才在调压站边用铁皮围合了一块场地作简易乒乓球场,设施简陋且四面漏风(见图6-3)。现在,小区唯一的一块空地在居民的强烈反对声中还是被开发商建成了商业用房。居住区体育配套设施严重缺失,从而无法满足小区居民对体育活动的需求,街道居委会多年来与开发商交涉争取补建体育活动场地都无果而终(见图6-4)。

该小区的居民只能利用小区外道路两侧的空地进行体育锻炼,既受污染也危险,该小区虽多次荣获市、区两级体育工作示范社区荣誉称号及奖项,但体育配套设施缺失的问题仍无解决之道。

图6-2 碧桂园小区内部无预留活动空间

图 6－3　调压站上的居委会办公场所和铁皮围合的简易乒乓球场

6－4　居委会欲争取在铁路旁隔离带开辟一块运动场地

6.2.1.2　原体育配建会所被转为他用——新康园

新康园位于昌平区回龙观地区，属于经济适用房，小区建筑面积 27 万平方米，住宅 2412 套，常住人口 9648 人。

在建设初期，新康园内有一处 2000 平方米的独立会所，会所中配有 50 米标准泳道的室内游泳馆。但泳池始终未投入使用，后开发商擅自将其改建为违章的出租房并廉价出租。该违章出租房分地上两层地下一层，共 130

多间,每个房间仅6~8平方米。出租后聚集了大量的外来流动人口,居住密度极大且存在很高的安全、防火隐患。而会所的其他空间也被转租给超市、网吧等用于其他商业活动。居委会多次与开发商以及会所承租人交涉并向市、区级管理部门反映,但多年来问题都没有得到解决。(见图6-5~图6-7)

图6-5 原体育会所转作商用

图6-6 由游泳池改建的130多个格子间用于出租

图 6 –7　出租房内部面积狭小且无通风窗口

6.2.2　居住区体育设施配建较完善的案例

6.2.2.1　配建较好的高档小区——清芷园

清芷园位于西城区,小区建筑总面积 40 万平方米,住宅 2150 套,常住人口 8860 人。该小区总体为高档商品房(13 栋,占总数的 80%),其余 20% 为单位管理的回迁房(2 栋),故其体育消费档次总体看来偏高,相关配套也较为齐全,其体育设施的配套水平在西城区位于前列。

在该小区内部除开发商自建的会所(1660 平方米)和室外两个网球场(1500 平方米)外,还有一处体彩支持的体育健身场所(500 平方米)。会所内体育项目齐全,有游泳(40 元/次)、壁球(80 元/人 · 小时)、乒乓球(20 元/小时)、跳操房和健身房(会员制);并配有少量的银行、茶室、咖啡厅等非体育经营项目。室外的两个网球场对居民开放,但要付费使用(下午 5 点后为 80 元/小时,之前为 60 元/小时)。总体看来,该小区的体育配套项目齐全、档次较高且收费合理,基本满足了小区居民对体育锻炼的需求。(见图 6 –8 ~ 图 6 –12)

图 6-8　居住区内部的健身会所

图 6-9　会所内部的游泳馆

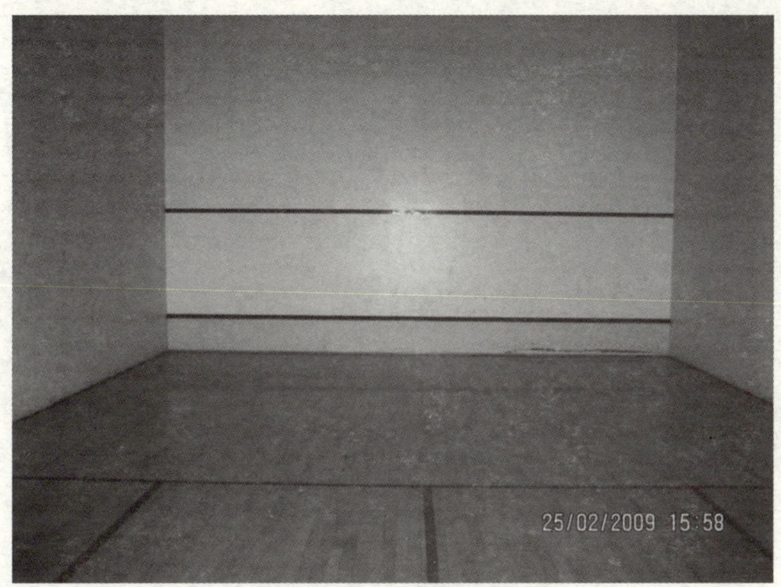

图 6－10　会所内部的壁球室

图 6－11　会所内部的乒乓球室

图 6－12　室外网球场

6.2.2.2　建有大型体育公园的居住区——方庄

方庄小区为 20 世纪 90 年代初期建成的超大规模社区，拥有住宅面积 250 万平方米，住宅 25000 套，常住人口 100000 人。

为满足群众对体育活动的需求，由大型国有企业城建集团在社区中心体育文化预留地中投资建设了方庄体育主题公园，该体育公园的建成为北京市社区体育配套的建设提供了一种模式。

方庄体育主题公园共占地 7.8 公顷，绿化面积为 3.8 公顷，其余为体育运动场地和健身场地。室外场地包括：2 处篮球场地（5 元/人·小时），2 处足球场地（10 元/人·小时），5 处网球场（会员：100 元/2 小时，非会员：300 元/2 小时），以及 2 处门球场和 1 处舞池等。室内场所为一个 2000 平方米的体育会所，内有 3 处网球场（收费标准比室外略高）。目前该主题公园全部由柏林瀚公司承包经营，合同期限为十年，收费性项目实行会员制，其经营情况为盈利。

除了社区体育公园外，方庄街道共 15 个社区，每一社区都配有居家工程（体彩）支持的健身器材，总面积均为 400 平方米以上，此外在方庄街道地区还有浩沙、第一健身等共 4 处私营健身会所。各种体育会所和主题公园，基本能满足该地区居民的体育健身活动的需求。（见图 6－13～图 6－17）

图 6－13　方庄体育主题公园

图 6－14　网球场

图 6－15　足球场

图 6－16　免费门球场

图 6-17　健身路径

6.2.2.3　配有较好的体育室内外场地的居住区——西罗园

西罗园小区共有 16 个社区，虽然其大型体育设施基本都集中在第二、三社区，但可享用人群为整个西罗园小区的居民，共有 28000 人左右。

该小区虽为 80 年代中期建成的居住片区，但由于其建设单位为天鸿集团（国企），因此在其预留的体育用地上配建的体育设施比较齐备，但是室内体育场所相对偏少。

目前，该小区室外活动场地面积为 15000 平方米，其中约 10000 平方米为经营性活动场地，有篮球场 2 个（15 元/人），足球场 1 处（10 元/人 · 小时），网球场 1 处（30 元/小时），轮滑场（收费情况不详），经营单位为天鸿集团下属物业公司；另外 5000 平方米为非经营场地，配有体彩支持的健身器材和供群众娱乐锻炼的活动空地。室内活动场所共有 1300 平方米，包括台球（10 元/小时）、乒乓球（10 元/小时）、羽毛球（20 元/小时）等，基本能满足群众体育锻炼的需求。（见图 6-18 ~ 图 6-22）

图 6－18　面积宽敞的轮滑场

图 6－19　足球场

图 6－20　休憩广场

图 6－21　室内体育活动室

图 6－22　篮球场

6.2.2.4　体育配套完善的经济适用房居住区——云趣园

云趣园小区的建筑面积是 40.17 万平方米，住宅共 3728 套，常住人口为 9800 人。

该小区在建设初期，开发商便预留了较大规模的空地及地下室。居委会将其有效利用为体育活动用地，其中包含室内地下乒乓球台 14 个，台球桌 4 个，还配有专业的体能测试仪。小区室外健身设施共有 9 处，健身器材 100 余件。此外，在各级政府的支持下，在小区内建立了专业的活动中心和练舞厅，为小区居民提供了充足的体育锻炼场地和设施（见图 6－23～图 6－28）。

图 6－23　由居委会筹资建立的活动中心

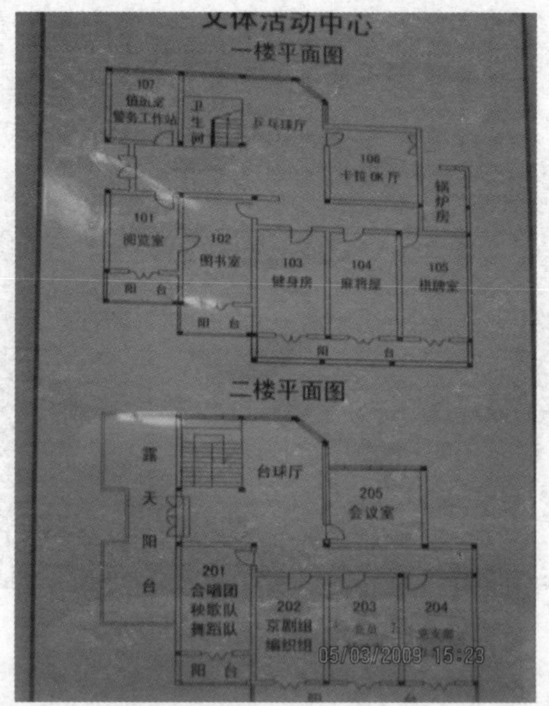

图 6 – 24　活动中心内部示意图

图 6 – 25　地下乒乓球室

图 6－26　舞蹈室

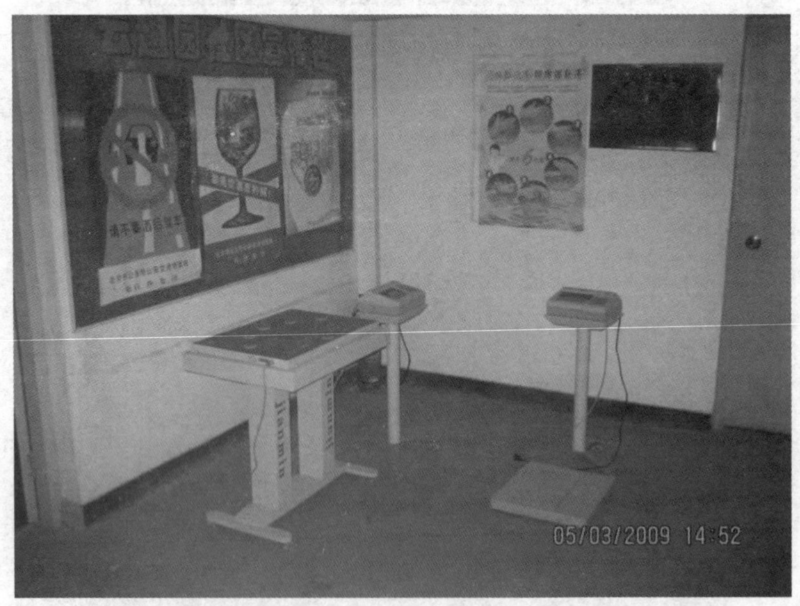

图 6－27　体能测试仪

图 6－28　台球厅

第7章 北京市居住区体育设施存在问题及相关建议

7.1 居住区体育设施管理中存在问题分析

调查数据表明,居住区体育配套指标执行总体上不够理想,存在总量不足、品质不高、配置不均等问题。产生这些问题的原因有以下几个方面。

7.1.1 居住区配套设施的建设管理制度不健全

北京市居住区配套体育设施实行指标管理已经有23年的历史,规划设计指标已经经过5次修订,但是与规划设计指标对应的建设管理制度一直不健全。健全的管理制度应该包括管理机构和队伍;法律、标准及相关政策;适应的工作模式和稳定的经费渠道;以及规划、土地、建设、运营管理、监督的工作机制等。居住区配套设施指标管理产生于住宅商品化以前,相关的配套费等相关政策废除后,适应住房商品化的配套设施管理制度尚未全面建立起来。目前,市建委开发办及各区县相应机构已不适应配套设施管理的要求。相关法律、法规对配套设施的属性、土地供应方式、资金来源、管理和监督的责任等方面缺乏系统的、可操作性的规定,从而使体育等具有公共服务职能的配套设施成为市场主导配置的非公共物品。

7.1.2 文体设施的定位和产权主体不明晰

居住区配套设施的定位和产权决定着配套设施管理的模式。关于居住区配套设施的定位有三种观点,第一种认为属于社区层面的公共服务设施;第二种认为属于居住区居民共有设施;第三种认为属于投资人所有的私人产品。这三种定位不同,产权归属和管理方式也应该不同。从目前北京市的管理现状看,教育、派出所等少数设施属于政府接管的公共服务设施;商业设施、文体设施基本上属于开发商所有的私人产品;垃圾楼等属于小区业主共有的共有产品。由于居住区中的文体设施没有按照公共服务设施来投资和管理,而是由开发商投资、以独立会所形式存在的文体设施较多,产权一般属于开发商,或已由开发商出售给他人,少部分设施由物业运营管理而且产权不清,极少数留给了居委会管理。由于配套体育设施的产权基本上属于开发商,所以开发商少建、漏建,建成后转变用途,无论是政府还是社区居民对其都难以有法律支持的约束性手段。

7.1.3　管理环节中监管机制不健全

在居住区体育配套设施的计划立项、规划审批、投资建设、验收及接管环节中,存在着监管机制上的缺失和漏洞。2000 年市体育局、市规委、市建委联合颁布了《北京市居住区配套体育设施管理办法(试行)》(京体办字[2000]108 号),对居住区配套体育设施的规划设计方案、建设及验收、管理和运营作了明确的规定。在 2007 年市建委、市规委、市国土局联合发布了《北京市新建商品住宅小区住宅与市政公用基础设施、公共服务设施同步交付使用管理暂行办法》,规定配套设施要与小区居住设施同步实施,并要求在建设方案中标出公共服务配套设施的楼层和位置,并在网上进行公示。这套制度规定在实践中仍然存在着诸多监管盲点。例如:对体育设施的建设标准和设施标准也没有做详细的规定,在建设方案审定时小区公共服务设施只是一个总量的控制;在建设中,文体设施的土地供应、建设投资时奉行的是谁投资谁拥有的原则;公示时小区还没有出售,居民难以监督;在验收环节中,配套设施验收对设施的建设有强大的约束作用,验收后移交公共管理部门则可使小区配套设施的公共产品性质得到实现,但目前文体设施仍没有相关的主管部门参与验收;交付使用前很少有开发商到体育主管部门注册登记,日后的监管缺少原始依据;原小区配套的体育设施改变用途后,管理部门和社区居民都缺少干预的法律依据。

从室外体育场地建设现状看,在规划、建设、验收、接管各个环节上的监管机制基本上都是缺失的。

7.1.4　市场主导的建设运营模式无法体现公共服务的功能

目前配套设施建设采用了随着建设项目分散建设,由开发商建设主体投资并拥有、市场化运营管理的模式。这种模式必然导致市场利益引导配套设施建设，文体设施的建设要占用土地资源和建设资源，可能会影响商品房的现金收益。由于监管弱化，在利益驱动下有些开发主体会选择不建或少建，以牺牲社区公共利益的方式换取最大收益。高档商品房因住房价格高而配套设施建设好、设施豪华、服务价格高昂，中低档商品房因住房价格低而不建配套设施。这有悖于社区公共产品的本质，难以体现公共服务设施均衡配置、居民共享的原则。

由于大规模居住区基本上都是采取分期建设的方式，而使配套设施难以集中建设，建设中对周围其他居住项目和现有体育设施没有进行整合，没有体现土地集约利用和设施规模经营的规律，难以形成配套齐全、使用方便、功能完善的社区文体活动场所。

在运营管理上，政府和居民没有体育设施的经营权和管理权，监督权也无法落到实处，所以开发商以营利为目的，可以随意改变用途，按照市场定位设定价格，公益性难以体现。

7.1.5 室外体育活动场地以分散建设的方式难以建成

从2006年版室外文体场地千人指标看，场地规模要求较大，在高价购买的建设用地上建设大规模的室外体育场地，开发商是在利益平衡中取舍是否建设体育场地。社区级的体育场地应该建设为专业性体育活动场，需要独立选址、独立建设。在分散开发的房地产项目中很难实现建设独立体育场，从规划、建设到管理环节也没有相应的制度安排。按照2006年版规划指标，3000人以下规模的居住区需要配置体育场地的一般规模是500平方米。这种集中设置的居住区体育活动场地很可能与邻近的住宅相互冲突，在分用地的规划设计安排中有较大难度。另外，分散的室外体育活动场地的经营也受多种条件制约，运营维护起来比较困难，目前经营性体育设施以室内的为多。

7.2 改进居住区体育配套设施的相关建议

为了实现社区公共服务设施的均衡配置，提高土地集约利用效率，保障人民群众享有基本的体育公共产品和服务，体现建设“人文北京”的理念，建议对居住区体育配套设施建设和管理进行改革，从根本上转变社区公共服务设施由市场主导建设的体制机制。

7.2.1 明确居住区体育设施为社区级公共服务设施的定位

本次调查表明，社区的公益性设施完全由开发商投资建设，数量和质量都难以保证。城市的义务教育、公众文化、体育等公益性公共设施，总体上属于政府向社会提供的公共服务，属于公共品或准公共品。建议把社区级体育设施纳入到政府向居民提供的公共服务体系中来。设施建设应该采取统一规划、均衡配置的方式。

《北京市“十一五”时期社会公共服务发展规划》中，仅仅将“为提高国民身体素质开展的国民体质监测的公共服务”确定为基本公共服务；将“提供满足人民群众体育健身需求的、需要政府扶持的体育服务”界定为准公共服务；将“提供体育休闲娱乐、体育竞赛表演、体育用品消费、体育中介等的体育产业服务”界定为经营性社会服务，后两者属于非基本公共服务。“准基本公共服务”是指“为保障社会整体福利水平所必需的，同时又可以引入市场机制提供或运营的，但由于政府定价等原因而没有盈利空间或盈利空间较小，需要政府采取多种措施给予支持的社会公共服务”。这一分类尚需商榷。建议将社区级配套体育设施界定为基本公共服务，合理界定其设施规模和标准，实事求是地修订设计指标。

根据北京城市总体规划和新城规划，体育设施划分为国家和市级体育设施、区县级和街道（或社区）级。在新城控规中，已经将街道（或社区）级体育设施落实，一般以 3 万 ~5 万人口规模设置一处。同时，依据国家体育总局等部委发布的《城市社区体育设施建设用地指标》，也提出 3 万 ~5 万人口规模的社区中宜集中设置一处社区体育中心。因此，建议将现行的居住区体育配套设施划分为社区级体育设施和居住小区级体育配套设施两类，社区级体育中心应由政府主导、统一规划、集中建设、统筹管理。社区体育公共品的供应方式建议学习香港的经验，建立以政府为主责的社区体育公共品的供应机制。

7.2.2 完善相关法律法规，开展专项立法调研

社区体育设施的定位和建设管理模式需要在定位法中给予明确规定。建议修订《北京市全民建设条例》时，进一步明确社区体育配套设施的定位。开展针对社区体育设施建设管理的专项立法调研，探索通过专项立法，加强

体育设施配建的法律约束力，确定社区体育设施的责任主体、建设主体、管理主体，明确财政投资、土地供应、建设和验收、运营管理的方式，明确相关政府部门和社区居委会及社会运营单位的责任和权力。体育主管部门应该会同工商、税务等部门研究制定社区体育设施经营管理办法，制定价格管理、税费优惠、盈利控制等相关政策措施。

7.2.3 编制社区公共服务设施规划，完善社区级设施指标

为了提高各类服务设施的使用效益，提高土地集约利用的效率，建议编制社区公共服务设施专项规划，统一规划安排教育、医疗、文化、体育等社区公共服务设施。新建地区编制社区配套设施专项规划，有利于体育设施与绿地公园、中小学、养老等设施结合设置。建成区编制社区设施规划可整合现有资源，促进资源共享，为补建缺失的配套设施创造条件。建成区的社区闲置土地或待改造地区可以制定政策，鼓励建设临时体育设施。

完善社区级体育设施配套指标，对不同地区实行分类指导。对正在开展的新城建设提出统一的配套指标及建设标准。明确配置设施的基本要求，规划设计标准和设施、设备标准。对于不能集中建设社区体育配套设施的地区，应根据分散建设的规模，适度调整现有指标水平，提高指标的适用性。

7.2.4 改进社区体育配套设施的建设模式

社区级体育设施应采取统一建设或委托代建的方式。土地应以划拨方式供应，研究土地一级开发中地价款返还、二级开发中统一建设或代建的具体方式。建议借鉴上海配套建设的有关经验，对街道（或社区）级体育活动场所实施集中建设，并对周边宗地开发商统一收取一定配套费，用于政府组织的统一建设，由开发商代建的，设施建成后可返还。建议街道（或社区）级体育设施验收时，由体育主管部门和社区管理部门配合建设主管部门做好验收工作。

7.2.5 完善文体设施的运营管理方式

明确社区体育设施的管理主体、运营主体。以区县政府为社区体育设施的责任主体，以街道办事处为管理主体，运营商可以采取市场机制进行招标，同时要探索规模化、专业化运营的具体模式。研究相应的服务价格定价机制和监管方式，探索相应的税收优惠政策。制定相关的运营监管制度，建

立社区公共服务设施信息公开制度,建立社区居民共同监管制度,严格限制体育配套设施改作他用。

7.2.6　完善社区体育设施的建设、运营维护标准

市体育主管部门应该会同相关部门制定社区体育设施的建设标准和设施配置标准。对体育设施的类型、不同类型的规模、选址的要求、配置的设施名称、设施标准、专业设备配置标准,以及安全使用和维护、更新的标准给予详细规定。社区体育设施配置标准可作为建设项目方案设计、建设施工、建设项目验收,以及投资、维护、更新预算的依据。

7.2.7　加强对居住小区配套体育设施的监管

居住小区配套体育设施的建设可以实行“谁投资谁拥有”的原则,但要加强对配套体育设施建设的监管,出台鼓励投资体育设施的政策,强化社区配套体育设施的公示、验收和登记备案制度,建立社区体育设施的网络体系,鼓励社区居民监督体育设施的专项用途,限制居住小区配套体育设施转作他用。

第 3 篇

北京市城市社区可享用体育设施现状调研分析

第 8 章　北京市城市社区可享用体育设施总体情况

2008 年北京奥运会、残奥会的成功举办，为北京留下了丰富的物质遗产和宝贵的精神财富。为了巩固奥运成果，发扬“重在参与”的奥运精神，推进全民健身运动广泛开展，改变社区居民身边的体育设施缺乏的状况，市体育局会同市社会办等相关部门，委托首都经济贸易大学，开展了全市社区居民可享用的体育设施现状调查。

在基层社区组织的配合下，首都经济贸易大学课题组对本市 5 个区县 124 个标准化社区的居民可享用体育设施现状情况开展了调查，对社区配建体育设施的意愿和建设条件进行了摸底，并形成了增建社区体育设施的初步思路。

8.1　北京市城市社区可享用体育设施调查说明

8.1.1　调查范围

本次调查计划通过三年时间完成全市 2700 个左右社区的调查。调查范围是北京市 600 个标准化社区中的 124 个社区，调查对象是 124 个社区居民的可享用体育设施。这里的标准化社区，是指北京市社会工作办公室按照社区办公用房与服务用房面积、组织机构设置、社区服务等标准是否达标而确定的社区。

本次调查的 124 个社区包括西城区 46 个社区、石景山区 38 个社区、房山区 14 个社区、通州区 21 个社区，以及延庆县 5 个社区。

8.1.2 调查内容

本次调查内容包括社区体育设施现状、社区对体育设施配建(增建、改建、扩建)的意愿、社区体育设施配建(增建、改建、扩建)方案三个方面。

8.1.2.1 社区体育设施现状调查

社区体育设施现状调查内容包括:

(1)社区基本信息(见附录5:社区可享用体育设施调查表);

(2)社区街道和社区居委会所属体育设施现状情况(见附录6:街道和社区居委会所属体育设施调查表);

(3)居住区配套建设的体育设施现状情况(见附录7:居住区配套建设体育设施调查表);

(4)社区居民可享用的公共体育设施现状情况(见附录8:社区及周边公共体育设施调查表);

社区及周边的经营性体育设施,因在体育局备案的经营性体育单位与居住区配套、体育场馆等重合,所以没有开展专项调查。

8.1.2.2 社区体育设施配建意愿调查

请社区居委会组织填写社区居民对于配建的体育设施的意愿,包括希望配建的体育设施项目、建设地点、建设程序、建设条件等(见附录9:社区体育设施配建意愿调查表)。

8.1.2.3 社区体育设施配建方案调查

包括配建设施的地点、规模、设施名称及数量、配建场地及房屋状况、配建设施的管理方式、经费预算及来源、方案实施计划等(见附录10:社区体育设施配建方案调查表)。

8.1.3 调查与分析方法

此次调研采取了问卷调查、实地考察、典型调查、卫片核查的方法,分析中运用了比较分析、定量分析、聚类分析等方法。

(1)问卷调查法:主要是设计各类调查表格,在此基础上,采用答卷法、访谈法和电话调查的方法获得相关资料与现状信息。①答卷法。首先由区县体育局将调查表发到街道办事处,再由街道办事处负责发到每个居委会,社区居委会负责填写后返回,然后进行数据录入和整合分析。②访谈法。调查人员与社区管理人员及社区居民等进行面对面交流,以弥补调查表中遗漏的信息。③电话补充调查法。调查表收回后由首都经贸大学调研团队对调查表进行归整和筛选,并进行电话回访,以确认数据的准确性和真实性,补充遗漏信息、矫正数据偏差。

(2)实地考察法:就是指调查组人员在社区相关人员陪同下或自己,通过对社区体育设施的多少、新旧、使用、维护等现状情况进行实地观察,并根据课题组研究的需要与意图,记录整理成文字材料,同时拍照大量的图片作为佐证。

(3)典型调查法:在上述工作的基础上,分类选取典型个案,进行实地调研,勘验调查表中的数据,与社区居委会、体育设施管理人员及居民座谈,掌握个案社区体育配套设施的建设、管理与使用情况。

(4)卫片核查法:借助 Google 卫星图片,对社区室外体育场地、社区周边体育设施(包括市内公共体育场馆、学校体育设施以及社会化经营性的体育设施)进行核对与补充。

(5)比较分析法:本次调查中是把 5 个区县及 124 个社区的指标数据进行比较,从数量上展示和说明 5 个区县、124 个社区体育设施规模的大小、千人指标的高低等基本情况。

(6)聚类分析法:对调查范围内的 124 个社区按照体育设施的规模等指标进行分类,以便针对不同的分类设计不同的体育设施建设。

8.1.4　调查与组织安排

8.1.4.1　调查组织

本次调查工作由市体育局负责组织,市人大指导,市社会办、市规划委、市住建委共同配合,首都经济贸易大学承担具体调查工作。现状调查由市体育局和市社会办共同组织,区(县)社会办和区(县)体育局具体落实,各区县街道办事处及社区居委会具体协助,由首经贸调查组承担具体调查工作。

由市体育局组织市社会办、市规划委、市住建委等相关部门,研究确定首经贸调查组提出的调查方案;市体育局、市社会办、市规划委、市住建委共同协调调查中涉及的规划图、配建设施的相关政策及管理措施、物业小区走访、街道和社区走访等相关工作。

首经贸调查组深入社区进行社区边界及总体情况、体育设施现状、体育设施配建意愿等方面的调查,相关街道办事处和社区居委会派专人给予配合,协助提供调查数据和意见建议。首经贸调查组负责整合现状调查数据,提出社区体育设施建设标准,协助符合条件的社区提出体育设施配建(增建、改建、扩建)方案,提出配建的政策建议,撰写调查研究报告。

同时,设立公共邮箱,用于调查表及相关信息的传输、收集和共享。街道或社区居委会通过调查组成员的电话和公共邮箱及时与调查组成员联系。

8.1.4.2 调查时间安排

本次调查是全市调查的试点调查,该项调查始于2010年6月底,结束于2010年12月底,大致分为五个阶段:

第一阶段(2010年6月20日—7月16日),确定方案和各方衔接阶段。在体育局的指导下,首都经贸大学调研组开展了资料收集、调研方案设计、指标归类及表格设计工作。之后,在体育局、市社会办等部门的配合下,组建了调查小组,并对调查组学生进行调查培训,调查组学生与街道及社区初步接触,确定社区边界、居住区范围、社区居民可享用的体育设施现状情况、配建意愿及配建方案等。

第二阶段(2010年7月19—30日),数据整合和确认阶段。主要任务是调查组把第一阶段确认的各类体育设施信息进行初步整合,绘制社区可享用体育设施示意图,编制现状表。在此基础上,与社区再次接触和电话回访,确认填报情况的质量,矫正数据偏差,由社区核定相关图、表。

第三阶段(2010年8月2日至8月底),协助社区提出配建方案阶段。由学生再次到社区,回收社区与街道沟通的信息后,进行研究确定的配套建设方案。主要任务是研究确定新建、改扩建、增加设施、增加现有设施开放维护经费等几种配建类型。

第四阶段(2010年9—11月),进行数据整合分析,提出配建的思路、原则和标准。主要任务是根据现状调查结果,整合各社区可享用的各类体育设施信息,形成现状报告。然后,根据社区具体情况,研究制定社区体育设施的配建标准,初步划定满足配建条件的社区。

第五阶段(2010年12月),起草调查报告阶段。主要任务是对调查情况进行总结和统计分析,提炼配建标准,划分建设类型,建立相应的图文数据库,起草调查研究报告,提出配建的建议和政策措施。

8.1.5 问卷回收及效力

本次调查采取的是由社区居民委员会填写调查问卷的形式。调查问卷由各区县政府街道办事处负责发放到社区居民委员会,由居民委员会相关负责人填写,并在一定时间后由首都经贸大学调查组负责收回。大致安排收回时间是:

表 1 至表 5 在 7 月 30 日前由社区居民委员会填写完成,首都经贸大学城市学院调查组负责收集到课题组。其中,表 1 由社区居委会填写,首经贸调查组负责核实修改。表 1、表 2、表 3、表 4,先由首经贸调查组汇总有关信息填写调查表,再请社区补充、核实。表 5 由街道或社区居委会在 8 月 30 日前填写完成并收集到首经贸调查组。

5 个区县 124 个社区共发出调查问卷 124 份,收回 124 份,回收率为 100%;通过对调查问卷的检查与对比分析,认为 124 份调查问卷的有效率为 100%,符合本次调查分析的要求,相关数据能够反映这 5 个区县 124 个社区体育设施现状的真实情况。

8.2　调查范围内社区可享用体育设施的总体情况

8.2.1　调查涉及的区县及社区的情况

本次调查涉及的区县包括原西城区(以下称“西城区”)、石景山区、房山区、通州区和延庆县。其中西城区属于首都功能核心区,石景山区属于城市功能拓展区,房山区和通州区属于城市发展新区,延庆县属于生态涵养发展区。

本次调查涉及的 5 个区县的基本情况是(截止到 2009 年底):西城区辖区面积 31.66 平方公里,总人口 87.8 万人,现有 7 个街道办事处,148 个社区。石景山区辖区面积 84.32 平方公里,总人口 61.82 万人,现有 8 个街道办事处、1 个街道级的鲁谷社区,137 个社区。房山区全区总人口 87 万,现有 8 个街道办事处,120 个社区。通州区辖区面积 912 平方公里,下辖 4 个街道办事处,10 镇(含 2 个地区办事处)1 乡,96 个社区、480 个建制村,其中城区社区 53 个,城乡结合部社区 43 个。延庆县县域面积 1993.75 平方公里,下辖 12 个镇,3 个乡和 3 个街道办事处,常住人口 30 万人,共有 29 个社区,其中 22 个社区分布在城区,其余 7 个分布在乡镇。

调查的社区是北京市 600 个标准化社区中的 124 个社区,其中西城区 46 个社区、石景山区 38 个社区、房山区 14 个社区、通州区 21 个社区以及延庆县5个社区。

8.2.2 社区可享用体育设施的总体情况

8.2.2.1 居住区配套体育设施情况

在此次调查的124个社区中,仅有20个社区的居住区建有配套的体育设施,且全部集中在西城区和石景山区。

两区的室外体育场地总占地面积约3245+980=4225平方米,平均每个社区242.75平方米,折合到每人为0.07平方米。其中石景山980平方米,平均每个社区为245平方米,人均0.03平方米(人口26905人);西城区共有3245平方米,平均每个社区408平方米,人均0.08平方米(人口41207人)。

两区的室内场所建筑面积约2020平方米,平均每个社区121.5平方米,折合每人0.04平方米。其中石景山室内场地总面积为990平方米,平均每个社区为330平方米,人均0.06平方米(人口14510人);西城区共有1030平方米,平均每个社区129平方米,人均0.03平方米(人口34333人)。

调查表明,居住区配套体育设施普及情况很差,总体规模较小,各社区规模和水平参差不齐。

8.2.2.2 社区街道和居委会所属体育设施情况

街道及居委会所属体育设施是指居住区所在街道或居委会改建、扩建、所属或管理的体育活动场所及场地,这类设施有政府投资独立建设的;有开发商配建后由居委会管理的;也有利用闲置土地改建的;还有租借的;甚至有与单位联合使用的。有些设施的场地是在河边、绿地边和马路边上,还有一些设置在闲置或临时用地上,也有部分是小区内部的空地。

在此次调查的124个社区中,共有100个社区具有街道和居委会所属的体育设施或场地,占比80.65%。其中西城区有35个社区,占比76.09%;石景山区有31个社区,占比81.58%;房山区除1个社区正在建设乒乓球室外,另外13个社区均有体育设施或场所,占比92.86%;通州区有17个社区,占比80.95%;延庆县有3个社区,占比60%(见图8-1)。

调查社区内街道及居委会所属室外体育设施总占地面积约9.76万平方米,平均每个社区占地976平方米;室内场所建筑面积约1.21万平方米,平均每个社区占地121平方米。其中设施项目以公共活动场、活动室、健身路径、乒乓球台和棋牌室居多。绝大多数社区的设施有过更新,且对外开放,不收取费用。

调查表明,街道和居委会所管的体育设施普及情况很好,总体规模和社

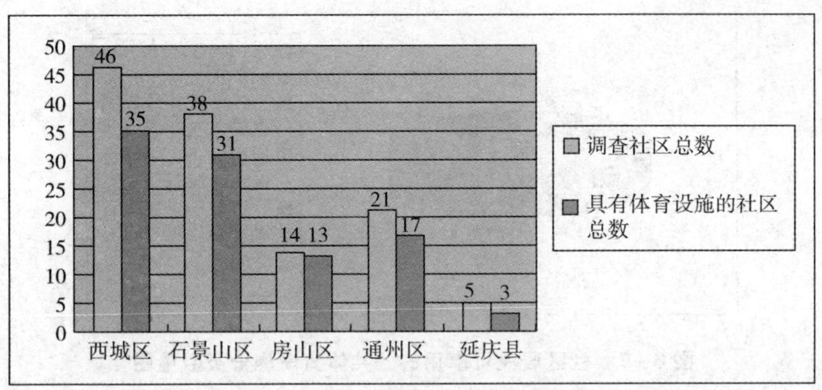

图 8－1　具有街道和居委会所属体育设施的社区数量对比图

区平均规模都远多于居住区配套建设的体育设施。

8.2.2.3　社区居民可享用公共体育设施情况

在此次调查的 124 个社区中，有 107 个社区都具备可享用的公共体育设施或场所，共 170 处。主要涉及奥运场馆或大型运动场馆、周边学校体育设施或场馆、周边饭店宾馆体育设施或场馆、周边公司企业体育设施或场馆、公园等。其中，周边学校体育设施或场馆 124 个，奥运场馆或大型运动场馆 19 个，周边饭店宾馆体育设施或场馆 7 个，周边公司企业体育设施或场馆 14 个，公园 6 个（见图 8－2）。

周边有学校体育设施社区中，共有 93 个社区周围有中小学，其中西城 46 个社区中有 37 个，石景山 38 个社区中有 30 个，通州 18 个社区中有 13 个，房山 21 个社区中有 9 个，延庆 5 个社区中有 4 个。按照归属划分，央属的 18 个，市属的 32 个，区县级的 120 个（见图 8－3）。

调查表明，公共体育设施中学校特别是中小学个数占比最大，分布相对比较均匀，大部分社区均分布有中小学体育设施，中小学体育设施的场地和设施水平均较好，具有可挖掘的潜力。

综上可知，社区可享用的体育设施中，街道和居委会所管辖的体育设施规模相对较大，普及情况较好；居住区配套体育设施规模总体较小，水平差距较大，分布不均；公共体育设施中大型体育场馆和大学体育设施分布不均，中小学体育设施普及性好，特别是城区普及性好，分布相对比较均匀，设施规模和水平较高。

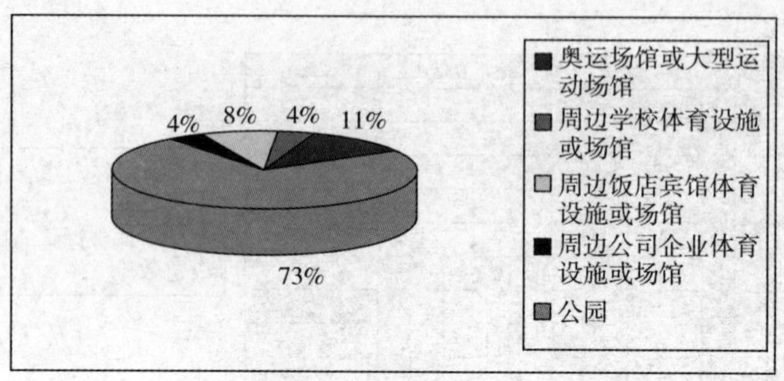

图 8-2　社区居民可享用的公共体育设施分类数量图

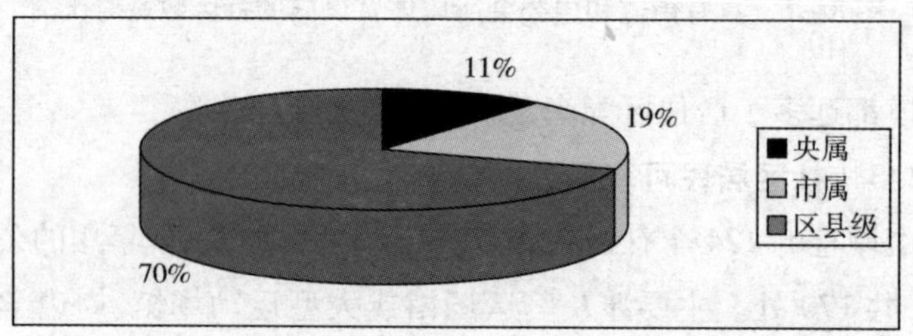

图 8-3　社区居民可享用的公共体育设施归属分类图

8.2.3　社区可享用体育设施的千人指标情况

以有效调查人口(56.2 万人)为基数,居住区、街道和居委会所管辖的体育设施,室内体育活动场所总建筑面积为 2.9 万平方米,室内体育活动设施千人平均指标达到 52.2 平方米。室外体育活动场地占地面积为 10.2 万平方米,室外千人平均指标达到 181 平方米。

考虑到中小学分布比较广泛的情况,将中小学室内外体育设施列入社区体育设施,逐步对社会开放。如果把体育设施的占地面积和建筑面积与社区和居住区的体育设施面积相加,可以得到室内体育活动场所总建筑面积为 17.7 万平方米,室内体育活动设施千人平均指标达到 315.7 平方米。室外体育活动场地占地面积为 28.0 万平方米,室外千人平均指标达到 498 平方米(见表 8-1)。

表 8－1　中小学体育设施占地面积情况表

	占地面积（平方米）	人均占地面积（平方米）	建筑面积（平方米）	人均建筑面积（平方米）	场地面积（平方米）	人均场地面积（平方米）
总量	1118538.42	1990.28	148091.00	263.51	178080.00	316.87
延庆	315711.00	17029.56	72600.00	3916.07	18600.00	1003.29
西城	276350.00	1368.88	148091.00	733.56	178080.00	882.11
房山	277945.49	5819.26	48400.00	1013.34	124244.49	2601.27
通州	105765.93	996.33	48587.12	457.70	100160.00	943.53
石景山	152766.00	811.12	39635.00	210.44	158660.00	842.41

第9章　社区可享用体育设施的分区县比较分析

现行居住配套指标将居住人口规模（或建筑规模）分四个级次：3 万～5 万人、0.7 万～2 万人、0.3 万～0.5 万人和少于 0.3 万人的居住建设项目。其中 3 万～5 万人和 0.7 万～2 万人的居住区，文体配套设施室内建筑面积要求为 200 平方米/千人，室外占地面积为 400～450 平方米/千人；0.3 万～0.5 万人的小区按照一般规模配建，其中要求室内建筑面积为 1000 平方米，室外占地面积为 2000 平方米；3000 人以下的住宅建设项目按照一般规模配建，要求室内体育设施建筑面积为 200 平方米，室外体育活动场地占地面积为 500 平方米。考虑到该指标包括文化和体育两类设施，因此将体育设施的指标简化为室内场所建筑面积 100 平方米/千人，室外场地占地面积为 200 平方米/千人。

9.1　西城区 46 个社区可享用体育设施分析

西城区 46 个被调查社区现实可享用体育设施的基本情况见表 9－1：

表 9－1　西城区 46 个被调查社区现实可享用体育设施基本情况表

社区	占地面积（平方米）	建筑面积（平方米）	面积合计（平方米）	户均面积（平方米）	人均面积（平方米）
榆树馆	0	0	0	0.00	0.00
朝阳庵	0	140	140	0.09	0.03
新华里	30	0	30	0.01	0.00
车公庄	0	3000	3000	1.31	0.43
三塔	90	0	90	0.05	0.02

续表

社区	占地面积（平方米）	建筑面积（平方米）	面积合计（平方米）	户均面积（平方米）	人均面积（平方米）
洪茂沟	100	0	100	0.06	0.02
百万庄西	85	0	85	0.05	0.02
三里河一	3030	0	3030	1.00	0.32
三里河二	1000	0	1000	0.39	0.14
西四北六条	80	80	160	0.09	0.04
西四北三条	20	20	40	0.03	0.01
北草厂	220	180	400	0.27	0.11
富国里	0	0	0	0.00	0.00
中直	275	0	275	0.41	0.16
宫门口	39	0	39	0.04	0.02
裕中东里	285	30	315	0.12	0.04
新明家园	40	380	420	0.13	0.04
黄寺大街西	320	0	320	0.17	0.06
北广	60	0	60	0.04	0.01
双旗杆	80	200	280	0.13	0.05
德外大街东	100	2000	2100	1.05	0.40
水电	10	0	10	0.00	0.00
石油	250	1100	1350	0.76	0.23
丰汇园	270	120	390	0.20	0.08
丰融园	120	0	120	0.17	0.06
砖塔	40	0	40	0.02	0.01
文昌	0	90	90	0.06	0.02
温家街	0	80	80	0.07	0.03
新文化街	0	80	80	0.11	0.03
大院	0	0	0	0.00	0.00
西交民巷	500	70	570	0.31	0.13
义达里	0	100	100	0.15	0.06
柳荫街	100	480	580	0.36	0.15
鼓西	0	420	420	0.18	0.08

续表

社区	占地面积（平方米）	建筑面积（平方米）	面积合计（平方米）	户均面积（平方米）	人均面积（平方米）
西里三	990	300	1290	0.81	0.30
西太平街	0	300	300	1.35	0.54
宏汇园	0	0	0	0.00	0.00
丰盛	0	4612	4612	2.30	0.88
受水河	0	0	0	0.00	0.00
东太平街	18	0	18	0.02	0.01
百万庄东	195	0	195	0.15	0.06
文兴街	190	725	915	0.53	0.19
新华东	30	0	30	0.02	0.01
新华南	60	30	90	0.04	0.02
阜外西	0	0	0	0.00	0.00
北营房西里	0	0	0	0.00	0.00

由表9－1可知，西城区46个被调查社区中，可享有的用于体育项目的总面积有较大差距，有的社区，可享有的用于体育项目的总面积为“0”，有的社区，可享有的用于体育项目的总面积达到几千平方米，最大的社区达到4612平方米（见图9－2）。这些社区中，可享有的用于体育项目的总面积中，占地面积和建筑面积情况也是各有千秋，差别较大。

表9－2　西城区46个社区可享有用于体育项目面积的总量比较

	设施面积达到社区个数（平方米）	全部占比（%）
100平方米以下	30	65.22
100（含）~350平方米	8	17.39
350（含）~1000平方米	6	13.04
1000平方米及以上	2	4.35

从表9－2可以看出，可享有的用于体育项目的总面积在350平方米以下的社区占到82.61%，而在350平方米及以上的社区所占的比例仅为17.39%。这说明，多数社区可享有的用于体育项目的总面积都较低。

西城46个社区现实可享用体育设施面积千人指标具体可见表9－3：

表9-3　西城区46个社区可享有用于体育项目面积千人指标比较

社区	占地面积千人平均数(平方米)	占地面积千人平均数完成比例(%)	建筑面积千人平均数(平方米)	建筑面积千人平均数完成比例(%)
榆树馆	0	0.00	0.00	0.00
朝阳庵	0	0.00	29.37	29.37
新华里	4.10	1.64	0.00	0.00
车公庄	0.00	0.00	426.62	426.62
三塔	18.00	7.20	0.00	0.00
洪茂沟	24.11	9.64	0.00	0.00
百万庄西	23.59	9.44	0.00	0.00
三里河一	317.61	127.04	0.00	0.00
三里河二	142.86	57.14	0.00	0.00
西四北六条	17.84	7.14	17.84	17.84
西四北三条	6.67	2.67	6.67	6.67
北草厂	60.77	24.31	49.72	49.72
富国里	0.00	0.00	0.00	0.00
中直	162.34	64.94	0.00	0.00
宫门口	15.18	6.07	0.00	0.00
裕中东里	38.00	15.20	4.00	4.00
新明家园	3.78	1.51	35.88	35.88
黄寺大街西	57.59	23.04	0.00	0.00
北广	10.53	4.21	0.00	0.00
双旗杆	14.22	5.69	35.56	35.56
德外大街东	19.13	7.65	382.56	382.56
水电	1.61	0.64	0.00	0.00
石油	41.67	16.67	183.33	183.33
丰汇园	58.52	23.41	26.01	26.01
丰融园	58.06	23.22	0.00	0.00
砖塔	7.26	2.90	0.00	0.00
文昌	0.00	0.00	19.86	19.86
温家街	0.00	0.00	25.00	25.00

续表

社区	占地面积千人平均数(平方米)	占地面积千人平均数完成比例(%)	建筑面积千人平均数(平方米)	建筑面积千人平均数完成比例(%)
新文化街	0.00	0.00	32.26	32.26
大院	0.00	0.00	0.00	0.00
西交民巷	109.70	43.88	15.36	15.36
义达里	0.00	0.00	64.94	64.94
柳荫街	25.03	10.01	120.15	120.15
鼓西	0.00	0.00	75.16	75.16
西里三	230.23	92.09	69.77	69.77
西太平街	0.00	0.00	543.48	543.48
宏汇园	0.00	0.00	0.00	0.00
丰盛	0.00	0.00	875.14	875.14
受水河	0.00	0.00	0.00	0.00
东太平街	5.69	2.28	0.00	0.00
百万庄东	60.62	24.25	0.00	0.00
文兴街	39.80	15.92	151.86	151.86
新华东	6.02	2.41	0.00	0.00
新华南	10.85	4.34	5.43	5.43
阜外西	0	0.00	0	0.00
北营房西里	0	0.00	0	0.00

由表9-4可知,西城区46个社区可享用体育设施占地面积千人指标达标的只有4.35%,不达标的达到95.65%;建筑面积千人指标达标的只有15.22%,不达标的达到84.78%。

表9-4　西城区46个社区可享用体育设施面积千人指标完成情况

	占地面积达到社区个数(平方米)	占地面积达到社区比例(%)	建筑面积达到社区个数(平方米)	建筑面积达到社区比例(%)
100平方米以下	—	—	39	84.78
100(含)平方米以上	—	—	7	15.22
200平方米以下	44	95.65	—	—
200(含)平方米以上	2	4.35	—	—

9.2　石景山区 38 个社区可享用体育设施分析

石景山区 38 个被调查社区现实可享用体育设施基本情况见表 9－5：

表 9－5　石景山 38 个被调查社区现实可享用体育设施基本情况表

社区	占地面积（平方米）	建筑面积（平方米）	面积合计（平方米）	户均面积（平方米）	人均面积（平方米）
东里南	580	0	0	0.31	0.10
京源路	180	400	0	0.51	0.20
何家坟	90	0	0	0.07	0.03
西井	300	500	500	0.40	0.14
琅山	0	0	0	0.00	0.00
装备部	5020	0	5020	10.04	3.86
模式口西里中	220	0	0	0.12	0.01
模式口东里	120	0	0	0.09	0.03
古城南里	200	2900	200	1.98	0.94
西黄新村西里	0	0	0	0.00	0.00
东里北	2080	0	2080	1.21	0.39
四季园	3370	0	3370	1.53	0.80
八千平	200	0	0	0.22	0.11
联勤部大院	3680	3340	7020	4.98	1.82
石府	0	0	0	0.00	0.00
西山机械厂	220	0	220	0.20	0.07
红卫路	1500	800	800	1.44	0.51
五芳园	1020	800	1820	0.76	0.34
重聚园	5100	0	5100	2.57	0.86
衙门口西	0	0	0	0.00	0.00
衙门口东	300	200	500	0.41	0.15
永乐东小区北	0	0	0	0.00	0.00
高井路	2070	0	2070	1.13	0.58
三山园	200	110	110	0.15	0.07

续表

社区	占地面积（平方米）	建筑面积（平方米）	面积合计（平方米）	户均面积（平方米）	人均面积（平方米）
玉桥西里北	0	0	0	0.00	0.00
玉桥西里中	0	500	500	0.29	0.10
十万平	617	0	617	0.38	0.13
南路东	0	0	0	0.00	0.00
金四区	6000	100	100	3.65	1.25
金顶街五区	1500	150	150	0.85	0.26
杨庄北	10000	0	10000	1.88	0.71
八角北路	250	0	250	0.12	0.05
特钢	0	0	0	0.00	0.00
八角路	150	0	150	0.10	0.03
黄南苑	160	0	0	0.07	0.03
八角北里	570	0	570	0.16	0.05
八角南路	200	0	0	0.10	0.04
杨庄南	480	0	480	0.26	0.08

由表9－5可知，石景山区38个被调查社区中，可享有的用于体育项目的总面积有较大差距，有的社区，可享有的用于体育项目的总面积为“0”，有的社区，可享有的用于体育项目的总面积达到几千平方米，最大的社区达到10000平方米。

从表9－6可以看出，可享有的用于体育项目的总面积在350平方米以下的社区占到68.42%，而在350平方米及以上的社区所占的比例仅为31.58%。这说明，多数社区可享有的用于体育项目的总面积都较低。

表9－6　石景山区38个社区可享有用于体育项目面积的总量比较

	设施面积达到社区个数（平方米）	全部占比（%）
100平方米以下	20	52.63
100（含）～350平方米	6	15.79
350（含）～1000平方米	9	23.68
1000平方米及以上	3	7.89

石景山区 38 个社区现实可享用体育设施面积千人指标具体可见表 9－7：

表 9－7　石景山区 38 个社区现实可享有用于体育项目面积千人指标比较

社区	占地面积千人平均数(平方米)	占地面积千人平均数完成比例(%)	建筑面积千人平均数(平方米)	建筑面积千人平均数完成比例(%)
东里南	96.76	38.71	0	0.00
京源路	62.37	24.95	139	138.60
何家坟	26.98	10.79	0	0.00
西井	53.29	21.31	89	88.81
琅山	0.00	0.00	0	0.00
装备部	3864.51	1545.80	0	0.00
模式口西里中	14.16	5.66	0	0.00
模式口东里	26.91	10.76	0	0.00
古城南里	60.92	24.37	883	883.34
西黄新村西里	0.00	0.00	0	0.00
东里北	388.21	155.28	0	0.00
四季园	797.44	318.98	0	0.00
八千平	113.57	45.43	0	0.00
联勤部大院	952.38	380.95	864	864.39
石府	0.00	0.00	0	0.00
西山机械厂	73.33	29.33	0	0.00
红卫路	334.82	133.93	179	178.57
五芳园	188.89	75.56	148	148.15
重聚园	855.13	342.05	0	0.00
衙门口西	0.00	0.00	0	0.00
衙门口东	91.08	36.43	61	60.72
永乐东小区北	0.00	0.00	0	0.00
高井路	576.44	230.58	0	0.00
三山园	43.71	17.48	24	24.04
玉桥西里北	0.00	0.00	0	0.00
玉桥西里中	0.00	0.00	105	104.80

续表

社区	占地面积千人平均数(平方米)	占地面积千人平均数完成比例(%)	建筑面积千人平均数(平方米)	建筑面积千人平均数完成比例(%)
十万平	134.13	53.65	0	0.00
南路东	0.00	0.00	0	0.00
金四区	1232.03	492.81	21	20.53
金顶街五区	236.07	94.43	24	23.61
杨庄北	714.29	285.71	0	0.00
八角北路	53.60	21.44	0	0.00
特钢	0.00	0.00	0	0.00
八角路	33.54	13.42	0	0.00
黄南苑	25.32	10.13	0	0.00
八角北里	51.82	20.73	0	0.00
八角南路	44.23	17.69	0	0.00
杨庄南	82.19	32.88	0	0.00

石景山区38个社区可享用体育设施占地面积千人指标达标的只有10.87%,不达标的达到89.13%;建筑面积千人指标达标的只有26.32%,不达标的达到73.68%(见表9-8)。

表9-8 石景山区38个社区可享用体育设施面积千人指标完成情况

	占地面积达到社区个数(平方米)	占地面积达到社区比例(%)	建筑面积达到社区个数(平方米)	建筑面积达到社区比例(%)
100平方米以下	—	—	32	84.21
100(含)平方米以上	—	—	6	15.79
200平方米以下	28	73.68	—	—
200(含)平方米以上	10	26.32	—	—

9.3 房山区14个社区现实可享用体育设施比较分析

房山区14个被调查社区现实可享用体育设施的基本情况见表9-9:

表9－9 房山区14个调查社区现实可享用体育设施基本情况表

社区	占地面积（平方米）	建筑面积（平方米）	面积合计（平方米）	户均面积（平方米）	人均面积（平方米）
羊耳峪里第二	0	150	150	0.10	0.04
杰辉苑	0	0	0	0.00	0.00
迎风一里	60	440	500	0.50	0.20
农林路	7220	0	7220	4.12	1.57
南里	0	105	105	0.10	0.03
电力设备总厂	30960	830	31790	9.96	5.05
渔儿沟	1940	1600	3540	4.17	1.27
北大街	595	0	595	1.14	0.37
文化路	0	0	0	0.00	0.00
长虹	0	0	0	0.00	0.00
月华	0	0	0	0.00	0.00
苏庄一里	450	0	450	0.56	0.14
长阳	0	0	0	0.00	0.00
长龙苑	80	56	136	0.12	0.04

由表9－9可知，房山区14个被调查社区中，可享有的用于体育项目的总面积有较大差距，有的社区，可享有的用于体育项目的总面积为“0”，有的社区，可享有的用于体育项目的总面积达到上万平方米，最大的社区达到31790平方米。这些社区中，可享有的用于体育项目的总面积中，占地面积和建筑面积情况也是各有千秋，差别较大。下表可以对其进行比较。

从表9－10可以看出，可享有的用于体育项目的总面积在350平方米以下的社区占到57.14%，而在350平方米及以上的社区所占的比例仅为42.86%。这说明，多数社区可享有的用于体育项目的总面积都较低。

表9－10 房山区14个社区可享有用于体育项目面积的总量比较

	设施面积达到社区个数（平方米）	全部占比（%）
100平方米以下	5	35.71
100（含）～350平方米	3	21.43
350（含）～1000平方米	2	14.29
1000平方米及以上	4	28.57

房山区14个社区现实可享用体育设施面积千人指标具体可见表9-11：

表9-11　房山区14个社区现实可享有用于体育项目面积千人指标比较

社区	占地面积千人平均数(平方米)	占地面积千人平均数完成比例(%)	建筑面积千人平均数(平方米)	建筑面积千人平均数完成比例(%)
羊耳峪里第二	0	0.00	38.92	38.92
杰辉苑	0	0.00	0.00	0.00
迎风一里	24.59	9.84	180.33	180.33
农林路	1569.57	627.83	0.00	0.00
南里	0.00	0.00	33.65	33.65
电力设备总厂	4918.19	1967.28	131.85	131.85
渔儿沟	696.59	278.64	574.51	574.51
北大街	365.48	146.19	0.00	0.00
文化路	0.00	0.00	0.00	0.00
长虹	0.00	0.00	0.00	0.00
月华	0.00	0.00	0.00	0.00
苏庄一里	141.24	56.50	0.00	0.00
长阳	0.00	0.00	0.00	0.00
长龙苑	25.96	10.38	18.17	18.17

由上表可以看出，房山区14个社区现实可享用体育设施面积千人指标情况各不相同，占地面积千人平均数和建筑面积千人平均数也有较大差距。其中，占地面积千人平均数低的为“0”，高的甚至达到4918.19平方米，占地面积千人平均数完成比例（按250平方米/千人为规划指标）也是高低不同，低的为“0”，高的甚至达到1967.28%；建筑面积千人平均数最低的也是“0”，最高的达到574.5063平方米，建筑面积千人平均数完成比例（按100平方米/千人为规划指标），低的也是“0”，高的达到574.51%。

由表9-12可见，房山区14个社区可享用体育设施占地面积千人指标达标的只有28.57%，不达标的达到71.43%；建筑面积千人指标达标的只有21.43%，不达标的达到78.57%。

表9-12　房山区14个社区可享用体育设施面积千人指标完成情况

	占地面积达到社区个数(平方米)	占地面积达到社区比例(%)	建筑面积达到社区个数(平方米)	建筑面积达到社区比例(%)
100平方米以下	—	—	11	78.57

续表

	占地面积达到社区个数(平方米)	占地面积达到社区比例(%)	建筑面积达到社区个数(平方米)	建筑面积达到社区比例(%)
100(含)平方米以上	—	—	3	21.43
200 平方米以下	10	71.43	—	—
200(含)平方米以上	4	28.57	—	—

9.4　通州区 21 个社区现实可享用体育设施比较分析

通州区 21 个被调查社区现实可享用体育设施的基本情况见表 9－13：

表 9－13　通州区 21 个调查社区现实可享用体育设施基本情况表

社区	占地面积(平方米)	建筑面积(平方米)	面积合计(平方米)	户均面积(平方米)	人均面积(平方米)
司空	0	0	0	0	0
如意	120	0	120	0.05	0.02
天桥湾	0	0	0	0	0
格瑞雅居	375	240	615	0.76	0.31
盛业家园	1150	0	1150	0.39	0.13
西马庄	0	0	0	0	0
玉带路	0	0	0	0	0
新北苑	0	0	0	0	0
复兴南里	300	0	300	0.16	0.07
京贸国际	0	0	0	0	0
长桥园	0	0	0	0	0
玉桥北里	0	0	0	0	0
玉桥南里	1280	0	1280	0.52	0.18
玉桥东里	1295	0	1295	0.35	0.13
梨花园	0	0	0	0	0
葛布店南里	0	0	0	0	0
莲花寺	0	0	0	0	0
东里	0	0	0	0	0

续表

社区	占地面积（平方米）	建筑面积（平方米）	面积合计（平方米）	户均面积（平方米）	人均面积（平方米）
西营	40	0	40	0.02	0.01
运河园	0	0	0	0	0
上营	0	0	0	0	0

由表9－13可知，通州区21个被调查社区中，可享有的用于体育项目的总面积有较大差距，有的社区，可享有的用于体育项目的总面积为“0”，有的社区，可享有的用于体育项目的总面积达到上千平方米，最大的社区达到1295平方米。但总体上都比较少。这些社区中，可享有的用于体育项目的总面积中，占地面积和建筑面积情况也是各有千秋，差别较大。

从表9－14可以看出，可享有的用于体育项目的总面积在350平方米以下的社区占到80.95%，而在350平方米及以上的社区所占的比例仅为9.05%。这说明，多数社区可享有的用于体育项目的总面积都较低。

表9－14　通州区21个社区可享有用于体育项目面积的总量比较

	设施面积达到社区个数（平方米）	全部占比（%）
100平方米以下	15	71.43
100（含）~350平方米	2	9.52
350（含）~1000平方米	1	4.76
1000平方米及以上	3	14.29

通州21个社区现实可享用体育设施面积千人指标可见表9－15：

表9－15　通州区21个社区现实可享有用于体育项目面积千人指标比较

社区	占地面积千人平均数（平方米）	占地面积千人平均数完成比例（%）	建筑面积千人平均数（平方米）	建筑面积千人平均数完成比例（%）
司空	0	0.00	0	0.00
如意	19.60	7.84	19.60	19.60
天桥湾	0.00	0.00	0.00	0.00
格瑞雅居	187.50	75.00	307.50	307.50
盛业家园	129.94	51.98	129.94	129.94
西马庄	0.00	0.00	0.00	0.00

续表

社区	占地面积千人平均数(平方米)	占地面积千人平均数完成比例(%)	建筑面积千人平均数(平方米)	建筑面积千人平均数完成比例(%)
玉带路	0.00	0.00	0.00	0.00
新北苑	0.00	0.00	0.00	0.00
复兴南里	66.33	26.53	66.33	66.33
京贸国际	0.00	0.00	0.00	0.00
长桥园	0.00	0.00	0.00	0.00
玉桥北里	0.00	0.00	0.00	0.00
玉桥南里	183.91	73.56	183.91	183.91
玉桥东里	134.90	53.96	134.90	134.90
梨花园	0.00	0.00	0.00	0.00
葛布店南里	0.00	0.00	0.00	0.00
莲花寺	0.00	0.00	0.00	0.00
东里	0.00	0.00	0.00	0.00
西营	9.16	3.66	9.16	9.16
运河园	0.00	0.00	0.00	0.00
上营	0.00	0.00	0.00	0.00

由表 9－15 可以发现，通州区 21 个社区现实可享用体育设施面积千人指标情况各不相同，占地面积千人平均数和建筑面积千人平均数也有较大差距。其中，占地面积千人平均数低的为“0”，高的达到 187.50 平方米，占地面积千人平均数完成比例（按 250 平方米/千人为规划指标）也是高低不同，低的为“0”，高的达到 75.00%；建筑面积千人平均数最低的也是“0”，最高的达到 307.50 平方米，建筑面积千人平均数完成比例（按 100 平方米/千人为规划指标），低的也是“0”，高的达到 307.50%。

由表 9－16 可见，通州区 21 个社区可享用体育设施占地面积千人指标达标的为 0，不达标的为 100%；建筑面积千人指标达标的只有 19.05%，不达标的达到 80.95%。

表9-16　通州区21个社区可享用体育设施面积千人指标完成情况

	占地面积达到社区个数(平方米)	占地面积达到社区比例(%)	建筑面积达到社区个数(平方米)	建筑面积达到社区比例(%)
100平方米以下	—	—	17	80.95
100(含)平方米以上	—	—	4	19.05
200平方米以下	21	100	—	—
200(含)平方米以上	0	0	—	—

9.5　延庆县5个社区可享用体育设施分析

延庆县5个被调查社区现实可享用体育设施的基本情况见表9-17：

表9-17　延庆县5个调查社区现实可享用体育设施基本情况表

社区	占地面积(平方米)	建筑面积(平方米)	面积合计(平方米)	户均面积(平方米)	人均面积(平方米)
振兴南	0	0	0	0	0
康庄	100	100	200	0.13	0.07
温泉东	0	0	0	0	0.00
湖南	0	0	0	0	0.00
川北东	30	0	30	0.02	0.03

由表9-17可知，延庆县5个被调查社区中，可享有的用于体育项目的总面积都比较少，可享有的用于体育项目的总面积中最少为“0”，最多是200平方米。

延庆5个社区现实可享用体育设施面积千人指标具体可见表9-18：

表9-18　延庆县5个社区现实可享有用于体育项目面积千人指标比较

社区	占地面积千人平均数(平方米)	占地面积千人平均数完成比例(%)	建筑面积千人平均数(平方米)	建筑面积千人平均数完成比例(%)
振兴南	0	0.00	0	0.00
康庄	33.33	13.33	33.33	33.33
温泉东	0.00	0.00	0	0.00
湖南	0.00	0.00	0	0.00
川北东	13.98	5.59	0	0.00

由表 9－18 可以发现，延庆县 5 个社区现实可享用体育设施面积千人指标情况虽然相同，但占地面积千人平均数和建筑面积千人平均数差距不大。其中，占地面积千人平均数低的为 0，高的为 100 平方米，占地面积千人平均数完成比例（按 250 平方米/千人为规划指标）低的为 0，高的为 13.33%；建筑面积千人平均数最低的也是 0，最高的为 100 平方米，建筑面积千人平均数完成比例（按 100 平方米/千人为规划指标）低的是 0，高的达到 33.33%。

由表 9－19 可见，延庆县 5 个社区可享用体育设施占地面积千人指标达标的为 0，不达标的为 100%；建筑面积千人指标达标的为 0，不达标的达到 100%。

表 9－19 延庆县 5 个社区可享用体育设施面积千人指标完成情况

	占地面积达到社区个数（平方米）	占地面积达到社区比例（%）	建筑面积达到社区个数（平方米）	建筑面积达到社区比例（%）
100 平方米以下	—	—	5	100
100（含）平方米以上	—	—	0	0
200 平方米以下	5	100	—	—
200（含）平方米以上	0	0	—	—

9.6 五区县可享用体育设施的比较分析

五个区县可享用体育设施面积（含室外体育场地占地面积和室内体育设施建筑面积）千人指标达标的社区个数仅 4 个，占全部社区的比例为 3.23%；其中房山区为 14.29%，石景山区为 5.26%。西城区、通州区和延庆县均没有全部达标的社区。

其中，室外体育场地占地面积达标的总个数和比例分别是 16 个社区，占 12.90%。各区县分别是：房山区 4 个社区，占 28.57%；石景山区 10 个社区，占 26.32%；西城区 2 个社区，占 4.53%；通州区和延庆县为 0 个社区。

室内体育设施建筑面积达标的总个数和比例分别是 20 个，占 16.13%。各区县分别是：西城区 7 个社区，占 15.22%；石景山区 6 个社区，占 15.79%；房山区 3 个社区，占 21.43%；通州区 4 个社区，占 19.05%；延庆县

为0个社区。(见图9-1、图9-2和表9-20)

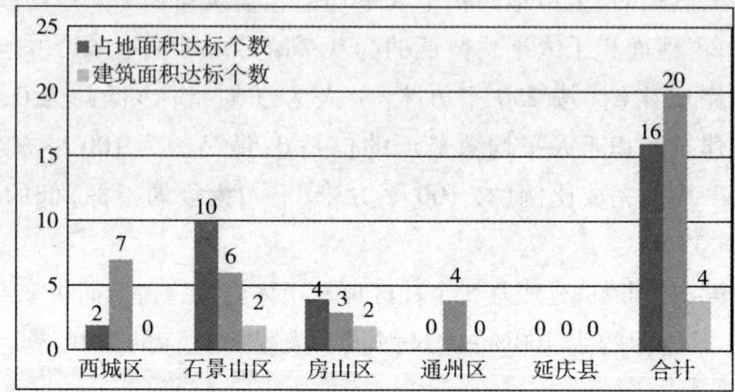

图9-1 五区县可享用体育设施面积千人指标达标的社区个数比较

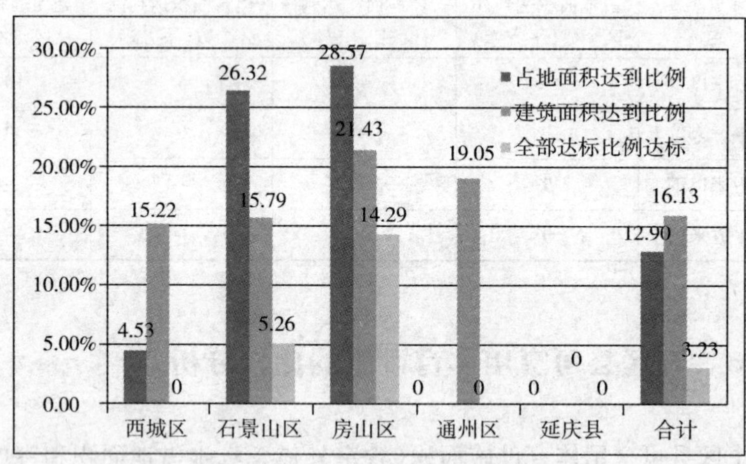

图9-2 区县可享用体育设施千人指标完成比例情况

表9-20 五区县可享用体育设施面积千人指标达标的社区个数比较

	占地面积		建筑面积		全部达标	
	达标个数（平方米）	达到比例（%）	达标个数（平方米）	达到比例（%）	个数（平方米）	达标比例（%）
西城区	2	4.53	7	15.22	0	0.00
石景山区	10	26.32	6	15.79	2	5.26
房山区	4	28.57	3	21.43	2	14.29

续表

	占地面积		建筑面积		全部达标	
	达标个数（平方米）	达到比例（%）	达标个数（平方米）	达到比例（%）	个数（平方米）	达标比例（%）
通州区	0	0.00	4	19.05	0	0.00
延庆县	0	0.00	0	0.00	0	0.00
合　计	16	12.90	20	16.13	4	3.23

第 10 章 社区体育设施配建方案

10.1 社区体育设施配建意愿分析

124 个社区中总共有 83 个社区提出了体育设施配建意愿,其中西城区 45 个,石景山区 13 个,通州区 6 个,延庆县 5 个,房山区 14 个。其他 41 个社区没有配建的意愿。

10.1.1 社区希望配建的体育项目

希望配建的体育项目主要集中在乒乓球、棋牌室、健身房和户外健身场项目上,社区选择比例超过 30%,且各区县并无明显差异。社区意愿选择排在前 5 位的分别是乒乓球、健身房、棋牌室、羽毛球和户外健身场(见表 10-1)。

这些体育项目,除了户外健身场外,与综合性体育场馆和专业体育场馆的项目并不一致。

表 10-1 社区希望增加的设施或项目汇总

区县	社区希望增加的设施或项目												
	乒乓球	健身房	棋牌室	户外健身场	羽毛球	台球	游泳	篮球	门球	足球	排球	网球	其他
石景山	7	2	5	5	3	2	2	3	1	1	1	0	0
	54%	15%	38%	38%	23%	15%	15%	23%	8%	8%	8%	0	0
通州	3	2	2	1	3	0	0	0	0	1	0	1	0
	50%	33%	33%	17%	50%	0	0	0	0	17%	0	17%	0
房山	11	4	7	3	3	3	0	1	1	0	1	0	0
	79%	29%	50%	21%	21%	21%	0	7%	7%	0	7%	0	0

续表

区县	社区希望增加的设施或项目												
	乒乓球	健身房	棋牌室	户外健身场	羽毛球	台球	游泳	篮球	门球	足球	排球	网球	其他
延庆	1	3	2	5	2	0	0	0	0	0	0	0	0
	20%	60%	40%	100%	40%	0	0	0	0	0	0	0	0
西城	17	20	11	11	13	8	10	7	5	1	1	2	0
	38%	44%	24%	24%	29%	18%	22%	16%	11%	2%	2%	4%	0
汇总	39	31	27	25	24	13	12	11	7	3	3	3	0
	47%	37%	33%	30%	29%	16%	14%	13%	8%	4%	4%	4%	0

社区希望改建或扩建的体育设施仍是乒乓球、户外健身场、棋牌室和健身房，选择比例超过 25%（见表 10－2）。

表 10－2　社区希望改建或扩建的设施汇总

区县	希望改建或扩建的设施												
	乒乓球	户外健身场	棋牌室	健身房	羽毛球	台球	篮球	门球	游泳	网球	排球	足球	其他
石景山	7	3	3	2	3	2	2	0	2	0	0	0	0
	54%	23%	23%	15%	23%	15%	15%	0%	15%	0	0	0	0
通州	1		2	2	1	0	0	1	0	1	0	0	0
	17%	0	33%	33%	17%	0	0	17%	0	17%	0	0	0
房山	9	4	6	4	1	3	1	1	0	0	1	0	0
	64%	29%	43%	29%	7%	21%	7%	7%	0	0	7%	0	0
延庆	1	5	3	2	1	0	1	0	0	0	0	0	0
	20%	100%	60%	40%	20%	0	20%	0	0	0	0	0	0
西城	27	23	12	11	7	7	3	3	1	0	0	0	0
	60%	51%	27%	24%	16%	16%	7%	7%	2%	0	0	0	0
汇总	45	35	26	21	13	12	7	5	3	1	1	0	0
	54%	42%	31%	25%	16%	14%	8%	6%	4%	1%	1%	0	0

10.1.2　社区建议的设施建设和运营管理方式

社区对体育设施的规划建设，即希望集中建设专业性场馆，也希望就近分散建设一些身边的简易体育设施。选择集中建设有一定规模的综合体育服务中心的占49%，选择分散建设的体育设施基本上占43%，其中石景山偏好主要集中在建设分散的体育设施，通州偏好主要集中在集中建设有一定规模的综合体育服务中心（见表10－3）。

表10－3　社区希望的体育设施建设模式汇总

区县	集中建设有一定规模的综合体育服务中心	建设分散的体育设施
石景山	4	8
	31%	62%
通州	4	1
	67%	17%
房山	6	7
	43%	50%
延庆	2	3
	40%	60%
西城	25	17
	56%	38%
汇总	41	36
	49%	43%

对于社区体育设施的经营管理模式，社区的意愿是在街道或社区直接提供限价服务，选择该选项的社区均超过了50%，选择委托专业公司限价经营的比例是20%（见表10－4）。

表10－4　社区希望的体育设施经营模式汇总

区县	体育设施服务经营模式			
	委托专业公司限价经营	街道或社区直接提供限价服务	外包专业公司市场化经营	其他
石景山	2	11	0	0
	15%	85%	0	0
通州	1	4	0	0
	17%	67%	0	0
房山	1	8	0	4
	7%	57%	0	29%

续表

区县	体育设施服务经营模式			
	委托专业公司限价经营	街道或社区直接提供限价服务	外包专业公司市场化经营	其他
延庆	0	5	0	0
	0%	100%	0	0
西城	13	24	4	1
	29%	53%	9%	2%
汇总	17	52	4	5
	20%	63%	5%	6%

对于社区体育设施的权属归属，社区大多选择了归属街道和社区，其中石景山、房山、西城区选择比例均超过了 70%，只有通州选择归属体育局的比例较大，为 50%（见表 10－5）。

表 10－5　社区希望的体育设施权属归属汇总

区县	配建体育设施未来权属归属			
	社区	街道	体育局	其他
石景山	8	3	1	0
	62%	23%	8%	0
通州	0	2	3	0
	0%	33%	50%	0
房山	9	3	1	0
	64%	21%	7%	0
延庆	4	2	1	0
	0	0		0
西城	18	13	10	1
	40%	29%	22%	2%
汇总	39	23	16	1
	47%	28%	19%	1%

对于体育设施配建的程序，67% 的社区选择了体育局支持，61% 的社区选择了相关居住区居民同意，53% 的社区选择了社区居委会提案，48% 的社区选择了规划等管理部门同意，8% 的社区选择了其他方式。可见，大多数

社区认为，由居委会提案，通过居住区居民同意，取得体育局的支持，符合规划等部门的手续，并有物业公司维护，这都是必经程序。

10.1.3 社区体育设施配建的条件分析

总体来看，46%的社区没有法定用途的房屋或场地，现有房屋或场地属于临时性的；35%的社区有法定用途的房屋或场地但不够；只有10%的社区有足够法定用途的房屋或场地（见表10－6）。

表10－6 社区拟配建的体育设施房屋或场地情况汇总

城区	是否有增建扩建的房屋场地		
	有足够法定用途的房屋或场地	有法定用途的房屋或场地但不够	没有法定用途的房屋或场地，现有房屋或场地属于临时性的
石景山	2	3	7
	15%	23%	54%
通州	0	1	4
	0%	17%	67%
房山	1	6	6
	7%	43%	43%
延庆	3	2	0
	60%	40%	0
西城	2	17	21
	4%	38%	47%
汇总	8	29	38
	10%	35%	46%

10.2 社区体育设施配建标准及社区评级研究

10.2.1 社区体育设施的配建标准

关于社区体育设施的配建标准，一是国家体育总局的指标，二是北京市现行的居住区配套指标。国家体育总局的人均用地指标是，人均室外体育用地面积0.30～0.65平方米，人均室内体育活动建筑面积0.10～0.26平方米。北京市现行居住区配套指标，室外体育用地面积千人指标是200平方米,人均室外体育用地面积是 0.2 平方米;室内体育设施建筑面积千人指标是 100 平方米,人均建筑面积是 0.1 平方米。国家体育总局的室外体育用地面积低限高于北京市,建筑面积低限与北京市一致。考虑到北京市公共体育设施发达,城市用地紧张,因此建议采用北京市的配套指标。

本次配建标准采用了两套,一是采用北京市居住区配套指标,同时考虑社区配建意愿,对社区现状体育设施状况进行评级;二是按照 3000 人以下居住区体育设施的一般规模,兼顾社区配建意愿、体育项目状况、公共体育设施状况,进行综合评级。

10.2.2　按照居住区配套指标进行社区评级

10.2.2.1　社区分级标准

把 124 个社区按照占地面积千人指标和建筑面积千人指标分别分为三大类:差,用 C 表示;一般,用 B 表示;好,用 A 表示。这三类社区的标准见表 10-7:

表 10-7　体育设施状况分依据分类标准表

状况	占地面积千人指标	建筑面积千人指标
差,C	100 平方米以下	50 平方米以下
一般,B	100(含)~200 平方米	50(含)~100 平方米
好,A	200 平方米(含)以上	100 平方米(含)以上

10.2.2.2　室内、室外设施分类标准

分别按照占地面积千人指标和建筑面积千人指标分类后,再对这两种标准划分的不同类别进行组合,分为 AA、AB、AC、BA、BB、BC、CA、CB、CC 九种类型,其标准见表 10-8:

表 10-8　体育设施状况综合分类标准表

状况	占地面积千人指标	建筑面积千人指标	社区个数
AA	200 平方米(含)以上	100 平方米及以上	4
AB	200 平方米(含)以上	50(含)~100 平方米	1
AC	200 平方米(含)以上	50 平方米以下	11
BA	100(含)~200 平方米	100(含)以上	5
BB	100(含)~200 平方米	50(含)~100 平方米	0

续表

状况	占地面积千人指标(平方米)	建筑面积千人指标(平方米)	社区个数
BC	100(含)~200 平方米	50 以下	6
CA	100 平方米以下	100 平方米(含)以上	11
CB	100 平方米以下	50(含)~100 平方米	5
CC	100 平方米以下	50 平方米以下	81

按照上述标准,可以画出社区类别分类图,如图 10-1 所示:

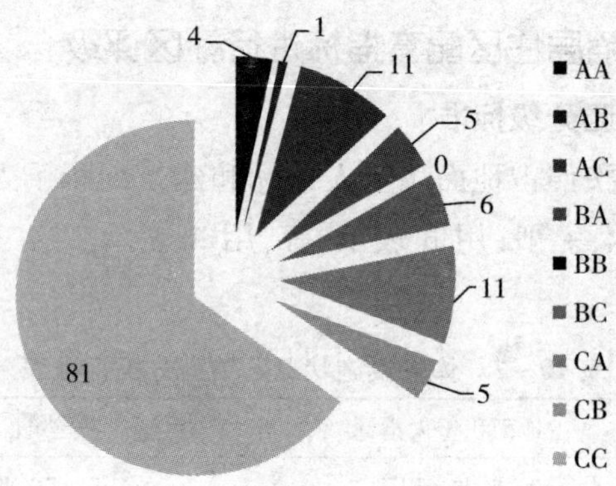

图 10-1 不同类别社区个数图

10.2.2.3 社区分级结果

根据上述分类标准,AA 类社区有 4 个,AB 类社区有 1 个,AC 类社区有 12 个;BA 类社区有 5 个,BB 类社区有 0 个,BC 类社区有 6 个;CA 类社区有 11 个,CB 类社区有 5 个,CC 类社区有 81 个。具体见表 10-9。

表 10-9 体育设施状况综合分类社区个数

类别	社区名称及状况(占地面积千人指标数,建筑面积千人指标数)
AA	电力设备总厂(4918.19,131.85)、联勤部大院(952.38,864.39)、渔儿沟(696.59,574.51)、红卫路(334.82,178.57)
AB	西里三社区(230.23,69.77)
AC	装备部(3864.51,0.00)、农林路(1569.57,0.00)、金四区(1232.03,20.53)、重聚园(855.13,0.00)、四季园(797.44,0.00)、杨庄北(714.29,0.00)、渔儿沟(696.59,574.51)、高井路(576.44,0.00)、东里北(388.21,0.00)、北大街(365.48,0.00)、三里河一(317.61,0.00)、金顶街五区(236.07,23.61)

续表

类别	社区名称及状况(占地面积千人指标数,建筑面积千人指标数)
BA	格瑞雅居(187.50,307.50)、玉桥南里(183.91,183.91)、五芳园(188.89,148.15)、玉桥东里(134.90,134.90)、盛业家园(129.94,129.94)
BB	—
BC	中直(162.34,0.00)、三里河二(142.86,0.00)、苏庄一里(141.24,0.00)、十万平(134.13,0.00)、八千平(113.57,0.00)、西交民巷(109.70,15.36)
CA	京源路(62.37,138.60)、古城南里(60.92,883.34)、石油(41.67,183.33)、文兴街(39.80,151.86)、柳荫街(25.03,120.15)、迎风一里(24.59,180.33)、德外大街东(19.13,382.56)、丰盛(0.00,875.14)、西太平街(0.00,543.48)、车公庄(0.00,426.62)、玉桥西里中(0.00,104.80)
CB	衙门口东(91.08,60.72)、复兴南里(66.33,66.33)、西井(53.29,88.81)、鼓西(0.00,75.16)、义达里(0.00,64.94)
CC	东里南(96.76,0.00)、杨庄南(82.19,0.00)、西山机械厂(73.33,0.00)、北草厂(60.77,49.72)、百万庄东(60.62,0.00)、丰汇园(58.52,26.01)、丰融园(58.06,0.00)、黄寺大街西(57.59,0.00)、八角北路(53.60,0.00)、八角北里(51.82,0.00)、八角南路(44.23,0.00)、三山园(43.71,24.04)、裕中东里(38.00,4.00)、八角路(33.54,0.00)、康庄(33.33,33.33)、何家坟(26.98,0.00)、模式口东里(26.91,0.00)、长龙苑(25.96,18.17)、黄南苑(25.32,0.00)、洪茂沟(24.11,0.00)、百万庄西(23.59,0.00)、如意(19.60,19.60)、三塔(18.00,0.00)、西四北六条(17.84,17.84)、宫门口(15.18,0.00)、双旗杆(14.22,35.56)、模式口西里中(14.16,0.00)、川北东(13.98,0.00)、新华南(10.85,5.43)、北广(10.53,0.00)、西营(9.16,9.16)、砖塔(7.26,0.00)、西四北三条(6.67,6.67)、新华东(6.02,0.00)、东太平街(5.69,0.00)、新华里(4.10,0.00)、新明家园(3.78,35.88)、水电(1.61,0.00)、羊耳峪里第二(0.00,38.92)、南里(0.00,33.65)、新文化街(0.00,32.26)、朝阳庵(0.00,29.37)、温家街(0.00,25.00)、文昌(0.00,19.86)、榆树馆(0.00,0.00)、富国里(0.00,0.00)、大院(0.00,0.00)、宏汇园(0.00,0.00)、受水河(0.00,0.00)、阜外西(0.00,0.00)、北营房西里(0.00,0.00)、琅山(0.00,0.00)、西黄新村西里(0.00,0.00)、石府(0.00,0.00)、衙门口西(0.00,0.00)、永乐东小区北(0.00,0.00)、玉桥西里北(0.00,0.00)、南路东(0.00,0.00)、特钢(0.00,0.00)、杰辉苑(0.00,0.00)、文化路(0.00,0.00)、长虹(0.00,0.00)、月华(0.00,0.00)、长阳(0.00,0.00)、司空(0.00,0.00)、天桥湾(0.00,0.00)、西马庄(0.00,0.00)、玉带路(0.00,0.00)、新北苑(0.00,0.00)、京贸国际(0.00,0.00)、长桥园(0.00,0.00)、玉桥北里(0.00,0.00)、梨花园(0.00,0.00)、葛布店南里(0.00,0.00)、莲花寺(0.00,0.00)、东里(0.00,0.00)、运河园(0.00,0.00)、上营(0.00,0.00)、振兴南(0.00,0.00)、温泉东(0.00,0.00)、湖南(0.00,0.00)

10.2.2.4 各类社区的区县分布

将 8 大类型 124 个社区按照区县归属,编制表 10-10,对不同区县的社区类型构成情况予以说明:

表 10－10　五区县社区分级分类

类别	西城区	石景山区	房山区	通州区	延庆县
AA	—	联勤部大院、红卫路	电力设备总厂、渔儿沟	—	—
AB	西里三社区	—	—	—	—
AC	三里河一	装备部、金四区、重聚园、四季园、杨庄北、高井路、东里北、金顶街五区	农林路、北大街	—	—
BA	—	五芳园	—	格瑞雅居、玉桥南里、玉桥东里、盛业家园	—
BC	中直、三里河二、西交民巷	十万平、八千平	苏庄一里	—	—
CA	石油、文兴街、柳荫街、德外大街东、丰盛、西太平街、车公庄	京源路、古城南里、玉桥西里中	迎风一里	—	—
CB	鼓西、义达里	衙门口东、西井	—	复兴南里	—
CC	榆树馆、朝阳庵、新华里、三塔、洪茂沟、百万庄西、西四北六条、西四北三条、北草厂、富国里、宫门口、裕中东里、新明家园、黄寺大街西、北广、双旗杆、水电、石油、丰汇园、丰融园、砖塔、文昌、温家街、新文化街、大院、西里三、西太平街、宏汇园、受水河、东太平街、百万庄东、新华东、新华南、阜外西、北营房西里	东里南、何家坟、琅山、模式口西里中、模式口东里、西黄村西里、石府、西山机械厂、重聚园、衙门口西、永乐东小区北、三山园、玉桥西里北、南路东、八角北路、特钢、八角路、黄南苑、八角北里、八角南路、杨庄南	羊耳峪里第二、杰辉苑、南里、文化路、长虹、月华、长阳、长龙苑	司空、如意、天桥湾、西马庄、玉带路、新北苑、京贸国际、长桥园、玉桥北里、梨花园、葛布店南里、莲花寺、东里、西营、运河园、上营	振兴南、康庄、温泉东、湖南、川北东

10.2.3　社区配建意愿和场地条件

每个社区配建体育设施的意愿和现有条件是不同的，不同的社区，其周边潜在的公用体育设施也有较大差异。具体可见表 10－11：

表 10－11　不同社区综合情况表

社区	千人指标类型	配建意愿	空地情况	周边公用体育设施情况		
				中小学个数	建筑面积（平方米）	场地面积（平方米）
榆树馆	CC	有	有，不足	2	—	9550
朝阳庵	CC	有	有，不足	3	—	6100
新华里	CC	有	无	1	—	5000
车公庄	CA	有	有，不足	2	585.5	5107
三塔	CC	有	无	2	585.5	5107
洪茂沟	CC	有	有，不足	—	—	—
百万庄西	CC	有	有，不足	1	—	2200
三里河一	AC	有	无	1	—	4520
三里河二	BC	有	无	3	800	16050
西四北六条	CC	有	无	3	70000	12000
西四北三条	CC	有	无	2	35000	7000
北草厂	CC	有	无	1	7000	1000
富国里	CC	有	无	1	20000	4000
中直	BC	有	有，不足		—	—
宫门口	CC	有	无	1	30000	10000
裕中东里	CC	有	有，不足	2	—	8300
新明家园	CC	有	有，不足	2	6000	8500
黄寺大街西	CC	有	有，足够	1	—	4480
北广	CC	有	有，不足	2	—	8480
双旗杆	CC	有	有，不足	2	—	8480
德外大街东	CA	有	有，不足	3	1000	17155
水电	CC	无		4	1450	15855
石油	CA	有	无	2	1450	15855
丰汇园	CC	有	有，不足	3	4940	19700
丰融园	CC	有	有，不足	3	4940	19700
砖塔	CC	有	无	3	4940	19700
文昌	CC	有	无	2	1200	16600
温家街	CC	有	无	2	1500	9540

续表

社区	千人指标类型	配建意愿	空地情况	周边公用体育设施情况		
				中小学个数	建筑面积（平方米）	场地面积（平方米）
新文化街	CC	有	无	2	300	8500
大院	CC	有	无	—	16000	2300
西交民巷	BC	有	有，不足	—	—	—
义达里	CB	有	无	—	—	—
柳荫街	CA	有	有，不足	2	3200	800
鼓西	CB	有		1	—	8000
西里三	BA	有	有，足够	1	—	8000
西太平街	CA	有	无	3	—	12500
宏汇园	CC	有	—	1	2600	2000
丰盛	CA	有	有，不足	2	8641	7074
受水河	CC	有	无	2	—	10536
东太平街	CC	无	—	3	2600	12536
百万庄东	CC	有	无	1	—	4700
文兴街	CA	有	有，不足	2	—	6500
新华东	CC	有	无	1	—	300
新华南	CC	有	无	2	—	5000
阜外西	CC	无	—	—	—	—
北营房西里	CC	无	—	3	—	8348
东里南	CC	有	有，不足	4	—	21300
京源路	CA	有	无	2	—	9300
何家坟	CC	有	有，足够	1	—	3000
西井	CB	有	无	2	—	10200
琅山	CC	无	—	1	—	4800
装备部	AC	有	无	—	—	—
模式口西里中	CC	有	无	3	—	22268
模式口东里	CC	有	无	—	—	—
古城南里	CA	有	无	3	—	10505
西黄新村西里	CC	有	有，不足	2	—	9400

续表

社区	千人指标类型	配建意愿	空地情况	周边公用体育设施情况		
				中小学个数	建筑面积（平方米）	场地面积（平方米）
东里北	AC	有	无	—	—	—
四季园	AC	有	有,足够	2	—	20515
八千平	BC	有	有,不足	3	—	13900
联勤部大院	CC	有	有,足够	1	—	4700
石府	CC	有	有,不足	—	—	—
西山机械厂	CC	有	有,不足	2	—	9400
红卫路	AA	有	—	—	—	—
五芳园	BA	有	—	2	—	12700
重聚园	AC	有	有,足够	1	—	15679
衙门口西	CC	有	有,足够	—	—	—
衙门口东	CB	无	—	—	—	—
永乐东小区北	CC	无	—	3	—	14236
高井路	AC	有	有,不足	2	—	21489
三山园	CC	有	有,不足	2	—	9400
玉桥西里北	CC	有	无	1	—	4700
玉桥西里中	CA	有	有,不足	2	—	9400
十万平	BC	有	有,足够	—	—	—
南路东	CC	无	—	1	—	4500
金四区	AC	有	有,足够	3	—	20183
金顶街五区	BA	有	有,足够	3	—	20183
杨庄北	AC	有	有,足够	1	—	4700
八角北路	CC	有	—	2	—	9400
特钢	CC	有	有,不足	1	—	4700
八角路	CC	无	—	2	8580	11200
黄南苑	CC	有	有,不足	2	5050	5700
八角北里	CC	有	有,不足	1	8585	11200
八角南路	CC	有	有,不足	1	—	4700
杨庄南	CC	有	无	2	—	9400

续表

社区	千人指标类型	配建意愿	空地情况	周边公用体育设施情况		
				中小学个数	建筑面积（平方米）	场地面积（平方米）
羊耳峪里第二	CC	有	无	2	350	9200
杰辉苑	CC	有	有,不足	2	—	11300
迎风一里	CA	有	无	—	20000	20000
农林路	AC	有	有,足够	2	19000	22200
南里	CC	有	无	2	50	16469.49
电力设备总厂	AA	有	有,不足	1	—	15575
渔儿沟	AA	有	有,不足	—	—	—
北大街	AC	有	—	—	—	—
文化路	CC	有	有,不足	—	—	—
长虹	CC	有	无	1	1000	16000
月华	CC	有	有,不足	1	1000	17000
苏庄一里	BC	有	无	1	1000	17000
长阳	CC	有	无	—	—	—
长龙苑	CC	有	有,不足	1	—	15000
司空	CC	无	—	1	—	6000
如意	CC	有	有,不足	—	—	—
天桥湾	CC	有	无	—	—	—
格瑞雅居	BA	有	无	1	—	8000
盛业家园	BA	有	无	—	—	—
西马庄	CC	有	无	1	—	7000
玉带路	CC	有	有,不足	3	3280	26560
新北苑	CC	有	有,不足	2	—	10000
复兴南里	CB	有	有,足够	—	3280	28060
京贸国际	CC	有	有,不足	—	—	—
长桥园	CC	有	有,不足	—	—	—
玉桥北里	CC	有	有,足够	1	—	5000
玉桥南里	BA	有	—	1	—	8000
玉桥东里	BA	有	无	3	5307	17200

续表

社区	千人指标类型	配建意愿	空地情况	周边公用体育设施情况		
				中小学个数	建筑面积（平方米）	场地面积（平方米）
梨花园	CC	有	有,不足	3	—	15000
葛布店南里	CC	有	有,不足	1	—	5600
莲花寺	CC	有	无	0	—	—
东里	CC	有	无	1	3280	16560
西营	CC	有	有,足够	3	—	18400
运河园	CC	有	无	1	—	17643
上营	CC	有	无	—	—	—
振兴南	CC	有	有,不足	—	—	—
康庄	CC	有	有,足够	2	—	16600
温泉东	CC	有	有,足够	1	1000	18000
湖南	CC	有	有,不足	2	67000	26000
川北东	CC	有	有,足够	1	5600	2000

10.2.4　社区体育设施配建具体意愿与要求

根据调查,124 个社区的配建具体意愿与要求如表 10－12。

表 10－12　124 个社区的配建具体意愿与要求

社　区	现有场地	场地利用说明	配建要求
榆树馆	无要求		
朝阳庵	老来乐花园	修整地面	2 个乒乓球台及相应设施
新华里	没有场地		
车公庄	无要求		
三塔	没有场地		
洪茂沟	没有场地		
百万庄西	没有场地		
三里河一	场地有限		1 套篮球设施
三里河二	地下健身活动站和天井平台(社区)		羽毛球、网球、游泳池、棋牌室、户外健身场各 1 处
西四北六条	居委会院内空地		乒乓球球拍 4 副,球 10 盒;羽毛球球网 2 个、拍 4 副、球 5 筒

续表

社　区	现有场地	场地利用说明	配建要求
西四北三条	居委会二层平台		户外健身器材4处
北草厂	老年公寓、熙府桃园（物业）		台球球杆及球1套；椭圆车、健身车、踏步机各5台；棋牌桌6张；户外健身场1处
富国里	无场地		篮球球架1处
中直	居委会办公区		跑步机3台，哑铃、沙袋各3个
宫门口	现有场地		乒乓球台1处
裕中东里	科技馆小区		乒乓球台2处；户外健身场1处；更新球台
	老科技馆院内场		可建健身中心
	农场局小区		户外健身场1处；更新球台
	裕中东里32号院		户外健身场1处
新明家园	无要求		
黄寺大街西	无要求		
北广	无要求		
双旗杆	无要求		
德外大街东	无要求		
水电	无要求		
石油	无要求		
丰汇园	小区内空场	已有健身器材	漫步机2台和练腰器2个；露天椅子20把；健身路径1处
丰融园	一年内不需要		
砖塔	临时性房屋		乒乓球室
文昌	无空场地		乒乓球台1处；篮球场1个；健身房1个
温家街	无空场地		健身房1个；棋牌室1间；乒乓球台1处
新文化街	无空场地		健身房1个
大院	无空场地		乒乓球台1处
西交民巷	露天敞篷	加盖屋顶	乒乓球台5处
义达里	无充足场地		乒乓球折叠球台2处
柳荫街	健身园		3台散步机

续表

社　区	现有场地	场地利用说明	配建要求
鼓西	合法空地		室内室外乒乓球台;扭腰器
西里三	场地充足		乒乓球台 2 处
西太平街	小场地	合法	跑步机 2 台、健身车 2 台、动感单车 2 台、举重床 1 个、划船器 2 个、健腹板 1 个;棋牌室;户外健身场
宏汇园	无要求		
丰盛	一间房子		折叠乒乓球桌
受水河	无场地	居委会正在拆迁	乒乓球桌 1 张;羽毛球场;台球 1 套;棋牌室 1 间;户外健身场 1 处
东太平街	无要求		
百万庄东	乒乓球场地整修		
文兴街	无场地		
新华东	无场地		乒乓球桌 2 张
新华南	无场地		乒乓球桌 1 张
阜外西	无要求		
北营房西里	无场地		乒乓球桌 2 张
东里南	文化馆东侧场地		门球 1 处
京源路	无场地		乒乓球桌 1 张;篮球 1 个;羽毛球 1 筒;
何家坟	仓库宿舍		乒乓球桌 1 个;棋牌室 3 间;户外健身场
西井	一、二、三社区空场		棋牌室 3 间;户外健身场 2 处
琅山	无场地	待拆迁	乒乓桌 4 个;棋牌室 1 间;户外健身场 2 处
装备部	无要求		
模式口西里中	无要求		
模式口东里	空地(公共用地)		临时用房改建棋牌室 - 棋牌室 1 间
古城南里	无要求		
西黄新村西里	活动中心(公共用地)		乒乓桌 6 个;篮球 2 个;羽毛球 2 筒
东里北	休闲公园		羽毛球 6 筒
四季园	合法空地		乒乓桌 3 个;篮球 1 个

续表

社 区	现有场地	场地利用说明	配建要求
八千平	场地不足(首钢)		室内乒乓桌2个;室外羽毛球场1处;室内台球1处
联勤部大院	部队大院	场地充足	乒乓桌5个;羽毛球场地4处;门球场地1处;台球桌1个;户外健身场6处
石府	66444部队	场地充足	篮球场、排球场、网球场各1个;户外健身场2处;健身房1间
西山机械厂	空场及居委会后院		乒乓球室1间;门球场1处;健身房1处;棋牌室1处
	3区		篮球设备更新
红卫路	社区广场及院内空地	场地充足	乒乓球台8个;羽毛球场2处;健身房;棋牌室2间
	218小区	场地充足	篮球场1个
五芳园	居委会多功能厅及院内		乒乓球台3个;活动篮球架、篮球各4个;羽毛球网拍球架子各10个;象棋桌20个,象棋定时钟25座;木质休闲椅15把,登山杖20个
重聚园	广场	新建2个遮阳篷	乒乓球台1个;棋牌室桌椅12套
衙门口西	小区广场及居委会室内		羽毛球场1处,门球桌1个
衙门口东	无要求	拆迁	
永乐东小区北	无要求		
高井路	健身广场		乒乓球台3个;台球桌1个;室内健身器材;棋牌室折叠椅;室外健身器材、飞标盘3个
三山园	小区内空地		户外健身场4处
玉桥西里北	居民活动室		健身器材1套
玉桥西里中	居民活动中心		健身器材1套;棋牌室1间;儿童游乐场1处
十万平	曦景长安健身园		跑步机、臂力健身机各2台;儿童滑梯秋千2个
	居委会活动室		健身器材10套
南路东	无要求		
金四区	金四区云强广场		门球1个

续表

社　区	现有场地	场地利用说明	配建要求
	活动室		台球桌 3 个;棋牌室 2 间;更新破损器材
金顶街五区	西广场		乒乓球台 4 个;篮球馆 1 个;台球厅 2 个
杨庄北	社区内空地	场地充裕	乒乓球台 15 个;棋牌室 5 间,各类配套设施 20 套;室外健身器材 30 套;石桌石椅 30 套
	居委会地下室		按摩椅、拉伸器、扭腰器各 1;跑步机 2 台
八角北路	室内多功能厅		棋牌室设施 1 套
特钢	社区内空地		乒乓球台 2 个,羽毛球场 1 个,健身房 1 间
八角路	无要求		
黄南苑	户外健身场地,活动室		12 个乒乓球台,2 个篮球架
	活动室		台球桌 2 个,棋牌室 4 间,健身房、跑步机、动感单车、拉伸器各 2 台
八角北里	居委会前场地		改建更新 2 个乒乓球
八角南路	居委会门前小广场		乒乓球台 1 个,羽毛球网 1 个,棋牌室 1 间
	石景山古四高中示范楼内多功能厅 200 平方米		健身房
杨庄南	32 栋前小花园		门球场 1 处
羊耳峪里第二	活动场地的闲置空间比较多		增建乒乓球台室外 6 个室内 3 个
	居委会 150 平方米活动站		
杰辉苑	居委会地下室		改建地下室通风设备,装修房屋
迎风一里	向阳街道文体活动中心 440 平方米	空调 3 台,椅子 100 把,折叠桌 20 个;	乒乓球 2 盒,篮球器材,排球器材和羽毛球器材,台球 1 套,棋牌室各种棋类
	21 号楼空地		
农林路	无要求		乒乓球 3 盒,台球 1 套,健身器材 52 套,棋牌桌 6 个
南里	有可供配建的场地	车棚改造	乒乓球 2 盒,健身路径 29 条,棋牌桌 10 个,更新乒乓球 3 盒

续表

社　区	现有场地	场地利用说明	配建要求
电力设备总厂	居委会属空场地		健身器材54套
渔儿沟		隆曦园	乒乓球1盒,健身器材30套,棋牌桌10个
		桃源小区	健身器材20套,儿童娱乐的设施
	2000平方米荒地改造健身场地	政通西里,需要建材	健身器材5套
北大街	无		
文化路	正新建平房(居委会)		乒乓球3组,台球3个,10个健身器材,棋牌桌20个
长虹	锅炉房	改造成健身的场馆	
月华	社区出入口处有空地100平方米		乒乓球3组,更新乒乓球3组
苏庄一里			
长阳		拆迁	
长龙苑	室外活动广场500平方米		增建篮球架和羽毛球架,更新健身路径
司空		待拆迁	羽毛球场1处
如意	有场地	健身房需教练	羽毛球场1处,健身房1间,棋牌室1间
天桥湾		待拆迁	羽毛球拍20副
格瑞雅居	室内乒乓球室		隔网和休息椅
	棋牌室		两张电动麻将桌及象棋桌椅和落地扇
	台球室		台球案1张
	排练室		更新地板及练操把杆,配备跑步机
	室外网球		改建为门球场
	室外空地300平方米		盖简易房及室内必备设施
盛业家园	有场地1500平方米	维护场地	乒乓球3盒,棋牌桌2个及椅子10把,户外健身场1个,露天休息座椅
西马庄	居委会小场地300平方米	居委会前空地	乒乓球5盒,羽毛球拍和球30套,户外健身场1处

续表

社　区	现有场地	场地利用说明	配建要求
玉带路	居委会前空场地	建活动板房	棋牌室 1 间
新北苑	空闲场地		新增乒乓球 2 盒,儿童娱乐器材若干,改建和更新篮球场 1 个
复兴南里	雅丽世居 1 号楼后	活动板房	乒乓球 1 盒,棋牌室 1 间,梅花桩
京贸国际	俱乐部		户外健身场 1 处
长桥园	社区内空地办公场所		新增乒乓球台 2 个,羽毛球拍 20 副,健身器材 1 套,棋牌室 4 间,儿童娱乐器材
玉桥北里	健身房		动感单车、上肢综合健身器各 2 台,跑步机 4 台
	会议室		棋牌室 4 间
	空场地		新增乒乓球台 6 个,1 套健身路径,羽毛球拍 20 副
玉桥南里	广场和活动室	建活动板房	跑步机、动感单车各 2 台,上肢综合器 1 台,棋牌室 4 间,更新乒乓球
玉桥东里	活动室		新增动感单车、跑步机各 2 台、上肢综合健身器 1 台,乒乓球台 6 个,棋牌室桌子 8 张
	居委会前空地 150 平方米	建活动板房	新增羽毛球拍 50 副
梨花园	多功能厅		新增乒乓球台 4 个,羽毛球 50,动感单车、跑步机、上肢综合健身器各 1 台
	活动板房内		新建篮球场 1 处
葛布店南里	居委会小场地	居委会前空地	乒乓球 5 盒,棋牌室 1 间,改建和更新篮球场
莲花寺	居委会		新建乒乓球台 2 个,羽毛球拍 25 副,棋牌室 2 间,跳绳 10 条,跑步机、综合健身器各 1 台
东里	社区周边 400 平方米空地	硬化	增建乒乓球台 10 个,跑步机 6 台、漫步机 8 台、扭腰器 7 台、健骑机 2 台,综合健身器材 2 套,秋千、单杠、双杠各 2 架

续表

社　区	现有场地	场地利用说明	配建要求
	居委会		增加羽毛球拍20副,跑步机6台,棋牌室1间
西营	社区周边空地	健身场地硬化	增建乒乓球台3个,羽毛球场20个,门球场1个,室外休闲椅若干,更新和改建门球和老年活动室
	老年活动室		增建跑步机、动感单车各3台,室外休闲桌椅10套、毽子、太极剑、跳绳各10个,改建和更新健身器材和棋牌室2处
运河园	社区内空地		增建羽毛球场1个,羽毛球拍26副,棋牌室1,户外健身场1个
上营	中上园5号院		增建乒乓球台2个,健身路径2条,篮球场1个,羽毛球场1个,羽毛球拍25副,棋牌室1间
振兴南	空闲场地		户外健身场1处
康庄	充足空场地		增加乒乓球15盒,篮球4个,羽毛球球拍和球80套,台球桌5张,跑步机18台,棋牌室增加麻将、象棋15副,扑克桌10张,麻将机5台,象棋桌25个,户外健身场20处,足球场2处,石桌椅80套,休闲椅100把
温泉东	活动中心		乒乓球10盒,羽毛球球拍和球100套,跑步机20台,综合健身器3个,棋牌室:麻将、象棋、军旗、围棋、扑克,户外健身场5处,石桌椅30套
湖南	充足空地	设置活动板房(90平方米)	乒乓球6盒,健身路径2个,羽毛球拍50副,棋牌室　麻将、军旗、象棋各12副,户外健身场1处,石桌石椅16套
川北东	老年活动室		跑步机、扭腰器各2台,麻将、扑克、象棋等各5副

10.3　社区体育设施配建的原则和方式

10.3.1　社区体育设施配建需求的总体判断

目前社区体育设施的总体水平较低,居民需求强烈而简单,社区体育活动普及,学校体育设施分布均匀,城区体育场地缺乏,远郊体育场地充足,居民配建意愿多样。

10.3.2　社区体育设施配建的原则

(1)满足基本需求,提高整体水平。社区居民的体育锻炼需求有不同的层次,但对大多数居民而言,其社区内健身锻炼的基本需求应该首先得到满足。这些基本需求是乒乓球、健身房、棋牌室和户外健身场。应利用现有室内外场地提供这些健身设施。

同时,通过开放中小学体育设施、公共体育设施、社会单位体育设施等社会资源,新建相对集中的社区专业性或综合性体育场馆,来提高居民享有体育设施的规模、种类和等级,满足居民日益增长的体育发展需求。

(2)尊重意愿,差的优先。体育设施的配建首先要尊重社区意愿,没有意愿的暂不考虑,资助建设的具体设施应符合社区的需求和具体场地等条件。配建应首先考虑现状体育设施状况差的社区,现状条件较好的社区可暂不考虑。124 个社区中,即无体育设施的场地面积,又无建筑面积的社区有 81 个,占全部社区的 65.32%,这 81 个社区中有意愿、有条件的,应满足配建需求。

(3)结合条件,方式多样。不同社区的意愿、社区空地与建筑情况、周边体育设施等条件各不相同,在为社区配建体育设施时,可以采取灵活多样的配建方式,比如,有空地的社区,可以配建便民体育设施;现有房子和建议配置健身设备的,可更新和增加体育设施;有较大空地的地区,可集中建设专业性体育场馆;没空地和房子的社区,可以资助开放中小学等社会体育资源。

(4)资源共享,政策创新。由于经营性体育设施和大型公用设施一般收费较高或者距离社区较远,不适合大多数社区居民用于日常健身,而一般社区附近通常都有中小学校,因此建议加快研究学校等社区单位体育设施周末和晚上对居民开放的相关政策,给予相应的维护经费,鼓励社会资源共享。同时,深入研究体育设施的经营管理问题,探索社区体育设施委托管理、价格指导、维护经费资助等相关方面的经营管理政策。

10.3.3 社区体育设施配建方案

根据上述社区分类、配建原则与思路,以及各个社区和体育设施配建经费的实际情况,在满足社区意愿基本需求的基础上,可以采取以下建设方式:

1. 新建专业或综合体育场馆

一些社区没有任何体育设施,用于体育设施的场地面积和建筑面积都为"0",而且社区没有空地可供新增建设体育设施,周边也没有中小学校,因而也无学校的体育设施项目用于共享。对于该类社区,可以以街道为单位,集中新建一些综合性的场馆,场馆内可安排球类和健身房等,供街道内相邻的若干个社区共同使用。具体包括宏汇园、模式口东里、莲花寺、上营、长阳、天桥湾、康庄以及大院共8个社区。

2. 改建、扩建原有体育设施

一些社区现有体育设施相对落后,使用效率不高,或者虽有场地,但只是空地,缺乏相应的体育设施,对于这类社区,可以在社区居民意愿的基础上,对原有的体育设施进行改建、扩建,提高社区体育设施的配建标准。具体包括车公庄(CA)、中直(BC)、德外大街东(CA)、西交民巷(BC)、柳荫街(CA)、西里三(BA)、丰盛(CA)、文兴街(CA)、四季园(AC)、八千平(BC)、重聚园(AC)、高井路(AC)、玉桥西里中(CA)、十万平(BC)、金四区(AC)、金顶街五区(BA)、杨庄北(AC)、农林路(AC)以及复兴南里(CB)振兴南(CC)社区。其中车公庄(CA)、德外大街东(CA)、柳荫街(CA)、西里三(BA)、丰盛(CA)、文兴街(CA)、四季园(AC)、重聚园(AC)、高井路(AC)、玉桥西里中(CA)条件相对较好,可放后考虑。

3. 更新原有体育设施并给予经费支持

这些社区的原有体育设施因为经费等问题,常年失修,破损较为严重,可以考虑拨付适量经费对这类体育设施进行更新改造,既避免因设施问题可能带来的事故发生,也提高了社区居民的体育设施服务水平。具体包括三里河一(AC)、三里河二(BC)、石油(CA)、义达里(CB)、鼓西(CB)、西太平街(CA)、京源路(CA)、西井(CB)、装备部(AC)、古城南里(CA)、东里北

（AC）、五芳园（BA）、迎风一里（CA）、北大街（AC）、苏庄一里（BC）、格瑞雅居（BA）、盛业家园（BA）、玉桥南里（BA）、玉桥东里（BA）。

4. 新建小型或简易体育设施（如活动板房）

一些社区有场地，但场地不足或场地狭小，不能增建大型体育设施，这种情况下，可以新建一些小型或简易的体育设施，配套适量乒乓球、羽毛球、墙边简易锻炼设施等基本的健身器材，供社区居民作为锻炼活动之用。这类社区主要包括榆树馆、朝阳庵、洪茂沟、百万庄西、裕中东里、新明家园、黄寺大街西、北广、双旗杆、丰汇园、丰融园、东里南、何家坟、西黄新村西里、联勤部大院、石府、西山机械厂、衙门口西、三山园、特钢、黄南苑、八角北里、八角南路、杰辉苑、文化路、月华、南里、长龙苑、如意、玉带路、新北苑、京贸国际、长桥园、玉桥北里、梨花园、葛布店南里、西营、振兴南、温泉东、湖南、川北东。其中，湖南、梨花园提出建设活动板房。

5. 开放学校体育设施并给予经费支持

这类社区现有社区体育设施条件很差，有强烈的配建意愿，却没有场地，但社区内一般都有中小学的体育设施，因此建议推动学校体育设施的开放，并给予学校一定的经费支持。包括新华里、三塔、西四北六条、西四北三条、北草厂、富国里、宫门口、砖塔、文昌、温家街、新文化街、受水河、百万庄东、洪茂沟、百万庄西、黄四大街西、北广、德外大街东、石油、丰融园、新华东、新华南、模式口西里中、玉桥北里、八角北路、古城南里、杨庄南、羊耳峪里第二、长虹、西马庄、东里、运河园。

6. 无需配建体育设施

第一类是体育设施评级 AA 类社区；第二类是无新增配套体育设施意愿的社区。包括联勤部大院（AA）、红卫路（AA）、电力设备总厂（AA）、渔儿沟（AA）、水电（CC）、东太平街（CC）、阜外西（CC）、北营房西里（CC）、琅山（CC）、衙门口东（CB）、永乐东小区北（CC）、南路东（CC）、八角路（CC）、司空（CC）14 个社区。

综合以上方案，可以得出以下配建方案及对应社区表（见表 10－13），同时，建议进一步研究建立和完善社区申请资助制度、非营利或低盈利组织经营管理制度、政府审核监管制度。

表 10－13　124 个社区体育设施配建方案

配建方案	适用社区
1. 新建专业或综合体育场馆	石景山：石府、琅山、黄南苑 通州：北苑 房山：长虹（锅炉房改造） 延庆：康庄
2. 改建、扩建原有体育设施	西城：车公庄、中直、德外大街东、西交民巷、柳荫街、西里三、丰盛、文兴街 石景山：四季园、八千平、重聚园、高井路、玉桥西里中、十万平、金四区、金顶街五区、杨庄北 房山：农林路 通州：复兴南里 延庆：振兴南
3. 更新原有体育设施并给予经费支持	三里河一（AC）、三里河二（BC）、石油（CA）、义达里（CB）、鼓西（CB）、西太平街（CA）、京源路（CA）、西井（CB）、装备部（AC）、古城南里（CA）、东里北（AC）、五芳园（BA）、迎风一里（CA）、北大街（AC）、苏庄一里（BC）、格瑞雅居（BA）、盛业家园（BA）、玉桥南里（BA）、玉桥东里（BA）
4. 新建小型或简易体育设施（如活动板房）	西城：榆树馆、朝阳庵、洪茂沟、百万庄西、裕中东里、新明家园、黄寺大街西、北广、双旗杆、丰汇园、丰融园 石景山：东里南、何家坟、西黄新村西里、石府、联勤部大院、西山机械厂、衙门口西、三山园、特钢、黄南苑、八角北里、八角南路 房山：杰辉苑、文化路、月华、南里、长龙苑 通州：如意、玉带路、新北苑、京贸国际、长桥园、玉桥北里、梨花园、葛布店南里、西营 延庆：振兴南、温泉东、湖南、川北东
5. 开放学校体育设施并给予经费支持	西城：新华里、三塔、西四北六条、西四北三条、北草厂、富国里、宫门口、砖塔、文昌、温家街、新文化街、受水河、百万庄东、洪茂沟、百万庄西、黄四大街西、北广、德外大街东、石油、丰融园、新华东、新华南 石景山：模式口西里中、玉桥北里、八角北路、古城南里、杨庄南 房山：羊耳峪里第二、长虹 通州：西马庄、东里、运河园
6. 无须配建体育设施	石景山：联勤部大院、红卫路 房山：电力设备总厂、渔儿沟 西城：水电、东太平街、阜外西、北营房西里 石景山：琅山、衙门口东、永乐东小区北、南路东、八角路 通州：司空

附　录

附录1 公共体育设施建设规模及标准

本文所涉及的公共体育设施是指达到一定规模的由政府和非营利机构出资建设的体育设施。它包括竞技类体育设施和一定规模的为周边一定范围的居民提供服务的体育场馆。2007 年 2 月下发的《关于印发〈北京市基层公共体育设施规范性建设指导意见(试行)〉的通知》中对于公共体育设施的建设给出了建设的内容、指标和要求,具体如下。

(一)公共体育设施建设规模

(1)体育中心区

在奥林匹克公园、五棵松、工人体育场等地形成大型体育设施集中区域,以体育功能为主的城市综合活动中心。

(2)公共体育设施

区县级体育中心:塑胶 400 米跑道田径场(含草坪足球场)、体育馆、游泳馆、网球场(馆);县体育中心要有设施完备的田径场、室内训练房、室外游泳场、网球场等设施,区县体育中心用地规模一般为 15 ~20 公顷。

社区体育设施:《北京市居住公共设施规划设计指标》3 万 ~5 万人千人指标:室内文体活动中心建筑面积 200 平方米,室外文体活动场用地面积 400 ~450 平方米。

1. 面积规模

(1)区县级体育中心:区县体育中心是服务本区域范围的功能相对综合的体育场所,占地面积应达到 15 万 ~20 万平方米;各区县根据实际情况进行调整,可集中建设,也可分散布局,按照规划的核定建设指标组织实施。

(2)街道、乡镇全民健身活动中心:分为室内和室内外相结合两种类型。

①城区街道室内体育活动中心,使用面积应不少于 2000 平方米;室内外相结合的体育活动中心,其室内使用面积应不少于 1500 平方米,室外群众性健身场地设施面积不少于 1000 平方米。

②有条件的乡镇,建设室内体育活动中心,使用面积不少于2000平方米;建设室内外相结合的体育活动中心,其室内使用面积不少于1000平方米,室外群众性健身场地设施面积不少于2000平方米。

2. 规划设计建设

(1)区域性体育中心布局规划设计应坚持相对集中的原则,结合区域面积及人口分布特点可安排适当分散的体育设施布局。

(2)街道、乡镇全民健身活动中心场地建设应相对集中,活动项目设置应符合本地区群众健身活动特点。

(二)基本配置

1. 区县级区域性体育中心

(1)体育场:观众席位不少于8000个,至少有8条400米标准竞赛跑道,内设开展符合足球项目竞赛使用的标准场地。

(2)体育馆:观众席位不少于3000个,按照国家级单项竞赛规则要求建设室内使用场地,中心场地规格不低于45米(长)×24米(宽)×7米(高)。

(3)游泳馆场:观众席位不少于500个,室外游泳场应建设有不少于8条50米长标准泳道的竞赛池及不少于6条25米长标准泳道热身池各1个,并有夜间使用的照明设备;室内游泳池规格应建设有不少于8条50米长标准泳道的竞赛池。

(4)网球场地:建设不少于2片带灯光的标准网球项目竞赛场地,有条件的区县可以建设室内场地。

(5)室外篮(排)球场:建设2片以上带灯光的标准篮球(或排球)项目竞赛场地。

(6)室外乒乓球台:能设不少于10张乒乓球台用于乒乓球项目活动的场地。

(7)室外全民健身标准场地:占地规模符合全民健身标准工程的场地1个。

(8)适合本地区群众健身运动特点的专项场地。

(9)有必要的附属服务管理设施空间。

2. 街道、乡镇体育活动中心

(1)室内健身设施

①健身房不少于500平方米；

②乒乓球活动室不少于200平方米；

③体测、医务区50平方米；

④培训教室200平方米；

⑤有条件的地方可设室内25米标准泳道的游泳池1个。

(2)室外健身设施

①标准篮球场2个；

②室外乒乓球台不少于10张；

③笼式足球场(或根据当地人群年龄结构建设门球场)；

④全民健身设施。

附录2 北京市居住公共服务设施规划设计指标（2006年）

表一 （居住人口3万～5万人）

类别	序号	项目名称	千人指标 建筑面积（平方米）	千人指标 用地面积（平方米）	一般规模 建筑面积（平方米/处）	一般规模 用地面积（平方米/处）	配置规定	服务规模（万人/处）	备注
教育	1	幼儿园	281～310	420～450	8班2100 12班2800	8班3000 12班4200	招收2～6岁儿童，占居住区总人口3.0%，就近入园率90%，并考虑10%的外来人口因素，合30座/千人；建筑9.38～10.32平方米/座，用地14～15平方米/座，每班25座	0.7～1.0	
	2	小学	403～441	510～568	"九年一贯制"学校 18班8000 27班12000 36班15000	"九年一贯制"学校 18班11000 27班16000 36班21000	小学学龄7～12岁，占居住区总人口3.6%，入学率100%，并考虑10%的外来人口因素，合40座/千人；建筑10.08～11.03平方米/座，用地12.76～14.20平方米/座，每班40座。 初中学龄13～15岁，占居住区总人口1.8%，入学率100%，并考虑10%的外来人口因素，合20座/千人；建筑12.71～13.82平方米/座，用地16.70～19.12平方米/座，每班40座。 "九年一贯制"学校学龄7～15岁，占居住区总人口5.4%，入学率100%，并考虑10%的外来人口因素，合60座/千人；建筑10.89～12.67平方米/座，用地14～16平方米/座，每班40座。（千人指标：建筑面积653～760平方米，用地面积840～960平方米）	1.2～2.4	小学：18班规模建筑7500平方米，用地9500平方米；服务规模1.8万人/处。24班规模建筑10000平方米，用地12500平方米；服务规模2.4万人/处。24班以下学校应设不低于200m的环形跑道和60m的直跑道。 初中：18班规模建筑9500平方米，用地13000平方米；服务规模3.6万人/处。24班规模建筑12500平方米，用地17000平方米；服务规模4.8万人/处。30班规模建筑
	3	初中	254～276	334～382					

续表

类别	序号	项目名称	千人指标		一般规模		配置规定	服务规模（万人/处）	备注
			建筑面积（平方米）	用地面积（平方米）	建筑面积（平方米/处）	用地面积（平方米/处）			
教育	4	高中	217 ~ 233	317 ~ 363	24 班 13000 30 班 16000 36 班 19000	24 班 19000 30 班 23000 36 班 28000	高中学龄 16 ~ 18 岁，占居住区总人口 1.8%，入学率 98%，并考虑 10% 的外来人口因素，合 19 座/千人；建筑 11.42 ~ 12.28 平方米/座，用地 16.70 ~ 19.12 平方米/座，每班 45 座	6 ~ 8.5	15600 平方米，用地 21000 平方米；服务规模 6 万人/处。 24 班以下学校应设不低于 200 米的环形跑道和 100 米的直跑道。25 班以上学校应设不低于 300 米环形跑道和 100 米的直跑道。 “九年一贯制”学校设置 200 米环形跑道和 100 米直跑道，有条件的应设置 400 米环形跑道，同时应保证设置足够的篮、排球场地。 中学：30 班规模建筑 16000 平方米，用地 22000 平方米；服务规模 3 万人/处。 高中应设不低于 400 米环形跑道和 100 米的直跑道
	小计		1155 ~ 1260	1581 ~ 1763					一般小校（园）采用高限，大校（园）采用低限，标准较高大校（园）可采用高限

续表

类别	序号	项目名称	千人指标		一般规模		配置规定	服务规模（万人/处）	备注
			建筑面积（平方米）	用地面积（平方米）	建筑面积（平方米/处）	用地面积（平方米/处）			
医疗	5	社区卫生服务站	24		300			0.7～2	含卫生服务中心的居住区不再设置卫生服务站
医疗	6	社区卫生服务中心	50	75	2500		一般以街道办事处所辖区域为范围设置，可设综合病床	3～5	
医疗	小计		74	75					
文化体育	7	室内文体活动中心	200				可包括文化娱乐（多功能影视厅、文娱艺术等），图书阅览，科技活动，青少年活动，康乐（健身房、棋牌室、室内体育活动等）等设施	0.7～1	可结合商业服务设施或社区管理服务设施综合设置
文化体育	8	室外文体活动场	20	400～450			可包括户外娱乐、集会、露天表演、儿童游戏、综合健身、篮球、门球等场地	0.7～1	宜设于公共绿地附近，兼有避难场所的功能
文化体育	小计		220	400～450					
商业服务	9	菜市场	20		800～1000			3～5	
商业服务	10	其他商业服务	680				可包括便利店、综合超市、再生资源回收点、银行储蓄所等	3～5	再生资源回收点可与密闭式清洁站结合布置，其他可设于住宅底层
商业服务	小计		700						

续表

类别	序号	项目名称	千人指标		一般规模		配置规定	服务规模（万人/处）	备注
			建筑面积（平方米）	用地面积（平方米）	建筑面积（平方米/处）	用地面积（平方米/处）			
社区管理服务	11	社区服务中心	20～30		1000		可包括优抚服务、社会福利、咨询服务、婚姻服务、计生宣传咨询、家庭劳务服务等及相应管理用房和社区服务信息网络中心	3～5	可与有关项目组合或设于住宅底层
	12	街道办事处	30～40	50	1200～1500	1500	含工商、税务	3～5	可与有关项目组合
	13	派出所及巡察	30～40	36～50	1200～1500	1500～1800		3～5	
	14	社区居民委员会	20～30		190		还可包括其他便民服务项目	0.3～0.9	可与有关项目组合或设于住宅底层
	15	社区卫生监督所	5					3～5	可与有关项目组合或设于住宅底层
	16	物业管理用房	20		200		可包括房管、维修、绿化、环卫、保安、家政服务、市政管理、社区治安管理自动化监控等	0.7～2	可与有关项目组合或设于住宅底层
	小计		125～165	86～100					
社会福利	17	养老院	90	130	2700	3900	老年人口占居住区总人口20%，百名老人设置床位2.5张，合5床/千人。按建筑15～20平方米/床，用地25～30平方米/床标准设置。设置床位及相应娱乐、康复、健身设施（包含不少于30张床位的日间照料护理中心）	3～5	宜独立设置，可与幼儿园相邻设置。最低规模120床/所
	18	老年活动场站	20	25	140～200	175～250	娱乐、康复、健身设施及活动场地	0.7～1	

续表

类别	序号	项目名称	千人指标		一般规模		配置规定	服务规模（万人/处）	备注
			建筑面积（平方米）	用地面积（平方米）	建筑面积（平方米/处）	用地面积（平方米/处）			
社会福利	19	残疾人康复托养所	30~40	50~60	1500~2000	2500~4000	残疾人口占居住区总人口5%，百名残疾人设置床位4张，合2床/千人。按建筑15~20平方米/床，用地25~30平方米/床标准设置。设置床位及相应娱乐、康复、健身设施	5	100床位左右，含教学训练、康复娱乐门诊设施等，可结合养老院设置
	小计		140~150	205~215					
交通	20	公交首末站	30	170~200	300	4000~5000		2~3	根据规划区域统筹安排，应独立用地
	21	出租汽车站		20		100	停放出租汽车，为出租汽车送客、待客服务	0.5	宜结合小区出入口在道路用地以外单独设置
	22	存自行车处					按每户存自行车2辆、每车建筑面积1.5平方米设置		可利用地下室存车，分散设置
	23	居民汽车场库					0.4-1.4车位/户。含居民汽车场库0.3~1.3车位/户，社会停车场库0.1车位/户		宜作地下车库。社会停车场库根据规划布局确定，可独立区域，也可与居民汽车场库结合，设于地上或地下
	小计		30	190~220					
市政公用	24	邮政所	20		200			0.7~2	宜在地上首层设置，便于邮政服务及生产
	25	邮政局	30	30	1200	1200		3~5	宜在地上首层设置，便于邮政服务及生产

续表

类别	序号	项目名称	千人指标		一般规模		配置规定	服务规模（万人/处）	备注
			建筑面积（平方米）	用地面积（平方米）	建筑面积（平方米/处）	用地面积（平方米/处）			
市政公用	26	电信机房	52	35	2250～3750	1500～2500	3万～5万门/处。 普通住宅的固定电话用户线不应少于2线（即2对线）/户，每万户居民须设置容量1.5万～2万门		仅设电信设备机房，不含管理办公用房
	27	开闭所	21	21	300	300	50万～60万平方米设一处		
	28	配电室	43		120		独立设置:10万平方米设一处，建筑面积120平方米。 箱式:2万～3万平方米设一处，建筑面积6平方米		区分不同情况，酌情安排。鼓励采用用地面积较小的方式。可结合其他配套设施综合设置
	29	燃气调压站	1	3	6	25	地上调压柜:建筑面积6～10平方米，用地面积25平方米。 地下调压站。 楼栋式:在建筑物外墙设置		区分不同情况，酌情安排。鼓励采用用地面积较小的方式。应按相关设计规范考虑安全距离
	30	有线电视基站	1		200		基站:2万～3万户设一处。 光电转换间:100户设一处，建筑面积4平方米，可不单独占地		仅考虑设备用房，不含管理用房。 尽量与其他配套设施综合设置
	31	密闭式清洁站	10	12	120	150		0.7～1.5	
	32	公厕	10	10	50			0.5	宜靠近老年人活动场所或公交首末站附近。尽可能附建于其他建筑内

续表

类别	序号	项目名称	千人指标		一般规模		配置规定	服务规模（万人/处）	备注
			建筑面积（平方米）	用地面积（平方米）	建筑面积（平方米/处）	用地面积（平方米/处）			
市政公用	33	垃圾分类投放站		21		6	用地面积6～8平方米/100户。		仅用于放置垃圾分类收集设施
	34	锅炉房	97～337	138～482			无城市热网地区按不同燃料种类设置。 燃煤锅炉房:50万～100万平方米设一处,用地面积140平方米/万平方米。 燃气锅炉房:3万～10万平方米设一处,用地面积10万～40平方米/万平方米		燃煤:应按集中锅炉房设置。 燃气:可因地制宜,按建筑组团设置分散的中小型锅炉房。 采用分户供热的可不设置
	35	热力点	36～72		200		城市热网地区设置。 一般10万平方米左右(不大于20万平方米)设一处		采用分户供热的可不设置
	36	污水再生利用装置					如未与城市再生水管网相连,建筑规模5万平方米以上者应设置,建筑面积20平方米/万平方米		宜安排在地下室或地下
	小计		321～597	270～614					
总计			2765～3196	2807～3437					建筑面积3.0平方米/人,用地面积3.1平方米/人

北京市居住公共服务设施规划设计指标

表二 （居住人口0.7万~2万人）

类别	序号	项目名称	千人指标		一般规模		配置规定	服务规模（万人/处）	备注
			建筑面积（平方米）	用地面积（平方米）	建筑面积（平方米/处）	用地面积（平方米/处）			
教育	1	幼儿园	281~310	420~450	8 班 2100 12 班 2800	8 班 3000 12 班 4200	招收2~6岁儿童，占居住区总人口3.0%，就近入园率90%，并考虑10%的外来人口因素，合30座/千人；建筑9.38~10.32平方米/座，用地14~15平方米/座，每班25座	0.7~1.0	
	2	小学	403~441	510~568	“九年一贯制”学校 18 班 8000 27 班 12000 36 班 15000	“九年一贯制”学校 18 班 11000 827 班 16000 36 班 21000	小学学龄7~12岁，占居住区总人口3.6%，入学率100%，并考虑10%的外来人口因素，合40座/千人；建筑10.08~11.03平方米/座，用地12.76~14.20平方米/座，每班40座。 初中学龄13~15岁，占居住区总人口1.8%，入学率100%，并考虑10%的外来人口因素，合20座/千人；建筑12.71~13.82平方米/座，用地16.70~19.12平方米/座，每班40座。 “九年一贯制”学校学龄7~15岁，占居住区总人口5.4%，入学率100%，并考虑10%的外来人口因素，合60座/千人；建筑10.89~12.67平方米/座，用地14~16平	1.2~2.4	小学：18班规模建筑7500平方米，用地9500平方米；服务规模1.8万人/处。24班规模建筑10000平方米，用地12500平方米；服务规模2.4万人/处。24班以下学校应设不低于200m的环形跑道和60m的直跑道。 初中：18班规模建筑9500平方米，用地13000平方米；服务规模3.6万人/处。24班规模建筑12500平方米，用地17000平方米；服务规模4.8万人/处。30班规
	3	初中	254~276	334~382					

续表

类别	序号	项目名称	千人指标		一般规模		配置规定	服务规模（万人/处）	备注
			建筑面积（平方米）	用地面积（平方米）	建筑面积（平方米/处）	用地面积（平方米/处）			
教育	2	小学	403～441	510～568	“九年一贯制”学校 18 班 8000 27 班 12000 36 班 15000	“九年一贯制”学校 18 班 11000 827 班 16000 36 班 21000	方米/座，每班 40 座。（千人指标：建筑面积 653～760 平方米，用地面积 840～960 平方米）		模建筑 15600 平方米，用地 21000平方米；服务规模 6 万人/处。24 班以下学校应设不低于 200 米的环形跑道和 100 米的直跑道。25 班以上学校应设不低于 300 米环形跑道和 100 米的直跑道。 “九年一贯制”学校设置 200 米环形跑道和 100 米直跑道，有条件的应设置 400 米环形跑道，同时应保证设置足够的篮球、排球场地
	3	初中	254～276	334～382					
		小计	938～1027	1264～1400					一般小校（园）采用高限，大校（园）采用低限，标准较高大校(园)可采用高限
医疗卫生	4	社区卫生服务站	24		300			0.7～2	
		小计	24						

续表

类别	序号	项目名称	千人指标		一般规模		配置规定	服务规模（万人/处）	备注
			建筑面积（平方米）	用地面积（平方米）	建筑面积（平方米/处）	用地面积（平方米/处）			
文化体育	5	室内文体活动中心	200				可包括文化娱乐（多功能影视厅、文娱艺术等）、图书阅览，科技活动、青少年活动、康乐（健身房、棋牌室、室内体育活动等）等设施	0.7～1	可结合商业服务设施或社区管理服务设施综合设置
文化体育	6	室外文体活动场	20	400～450			可包括户外娱乐、集会、露天表演、儿童游戏、综合健身、篮球、门球等场地	0.7～1	宜设于公共绿地附近，兼有避难场所的功能
商业服务	7	菜市场	20					0.7～2	
商业服务	8	其他商业服务	380				可包括便利店、综合超市、再生资源回收点、银行储蓄所等	0.7～2	再生资源回收点可与密闭式清洁站结合布置，其他可设于住宅底层
商业服务	小计		400						
社区管理服务	9	社区服务中心	20～30		160		含社区服务信息网络站。1000～3000户/处	0.3～0.9	可与有关项目组合，设于住宅底层
社区管理服务	10	社区居民委员会	20～30		190		还可包括其他便民服务项目	0.3～0.9	可与有关项目组合或设于住宅底层
社区管理服务	11	物业管理用房	20		200		可包括房管、维修、绿化、环卫、保安、家政服务、市政管理、社区治安管理自动化监控等	0.7～2	可与有关项目组合或设于住宅底层
社区管理服务	小计		60～80						

续表

类别	序号	项目名称	千人指标		一般规模		配置规定	服务规模（万人/处）	备注
			建筑面积（平方米）	用地面积（平方米）	建筑面积（平方米/处）	用地面积（平方米/处）			
社会福利	12	托老所	90	130	630	910	老年人口占居住区总人口20%，百名老人设置床位2.5张，合5床/千人。按建筑15～20平方米/床，用地25～30平方米/床标准设置。设置床位及相应娱乐、康复、健身设施	0.7～1	宜独立设置，可与幼儿园相邻设置。最低规模120床/所
	13	老年活动场站	20	25	140～200	175～250	娱乐、康复、健身设施及活动场地	0.7～1	
	小计		110	155					
交通	14	公交首末站	30	200	300	2000～3000		1	根据规划区域统筹安排，应独立用地
	15	出租汽车站		20		100	停放出租汽车，为出租汽车送客、待客服务	0.5	宜结合小区出入口在道路用地以外单独设置
	16	存自行车处					按每户存自行车2辆、每车建筑面积1.5平方米设置		可利用地下室存车，分散设置
	17	居民汽车场库					0.4～1.4车位/户。含居民汽车场库0.3～1.3车位/户，社会停车场库0.1车位/户		宜作地下车库。社会停车场库根据规划布局确定，可独立区域，也可与居民汽车场库结合，设于地上或地下
	小计		30	220					

续表

类别	序号	项目名称	千人指标		一般规模		配置规定	服务规模（万人/处）	备注
			建筑面积（平方米）	用地面积（平方米）	建筑面积（平方米/处）	用地面积（平方米/处）			
市政公用	18	邮政所	20		200			0.7～2	宜在地上首层设置，便于邮政服务及生产
	19	开闭所	21	21	300	300	50万～60万平方米设一处		
	20	配电室	43		120		独立设置：10万平方米设一处，建筑面积120平方米。 箱式：2万～3万平方米设一处，建筑面积6平方米		区分不同情况，酌情安排。鼓励采用用地面积较小的方式。可结合其他配套设施综合设置
	21	燃气调压站	1	3	6	25	地上调压柜：建筑面积6～10平方米，用地面积25平方米。 地下调压站。 楼栋式：在建筑物外墙设置		区分不同情况，酌情安排。鼓励采用用地面积较小的方式。应按相关设计规范考虑安全距离
	22	有线电视光电转换间					100户设一处，建筑面积4平方米，可不单独占地		
	23	密闭式清洁站	10	12	120	150		0.7～1.5	
	24	公厕	10	10	50			0.5	宜靠近老年人活动场所或公交首末站附近。尽可能附建于其他建筑内
	25	垃圾分类投放站		21		6	用地面积6～8平方米/100户		仅用于放置垃圾分类收集设施

续表

类别	序号	项目名称	千人指标		一般规模		配置规定	服务规模（万人/处）	备注
			建筑面积（平方米）	用地面积（平方米）	建筑面积（平方米/处）	用地面积（平方米/处）			
市政公用	26	锅炉房	97～337	138～482			无城市热网地区按不同燃料种类设置。 燃煤锅炉房:50 万～100 万平方米设一处，用地面积 140 平方米/万平方米。 燃气锅炉房:3 万～10 万平方米设一处，用地面积 10～40 平方米/万平方米		燃煤：应按集中锅炉房设置。 燃气：可因地制宜，按建筑组团设置分散的中小型锅炉房。 采用分户供热的可不设置
	27	热力点	36～72		200		城市热网地区设置。 一般 10 万平方米左右（不大于 20 万平方米）设一处		采用分户供热的可不设置
	28	污水再生利用装置					如未与城市再生水管网相连，建筑规模 5 万平方米以上者应设置，建筑面积 20 平方米/万平方米		宜安排在地下室或地下
	小计		238～514	205～549					
总计			2020～2405	2244～2774					建筑面积 2.2 平方米/人，用地面积 2.5 平方米/人

北京市居住公共服务设施规划设计指标

表三 （居住人口0.3~0.5万人）

类别	序号	项目名称	千人指标		一般规模		配置规定	服务规模（万人/处）	备注
			建筑面积（平方米）	用地面积（平方米）	建筑面积（平方米/处）	用地面积（平方米/处）			
医疗卫生	1	社区卫生服务站			100				
		小计			100				
文化体育	2	文体活动站			1000		可包括青少年活动、老人活动（不小于100平方米）、文化康乐、图书阅览等设施		
	3	综合文体活动场地				2000			
		小计			1000	2000			
商业服务	4	商业服务			1000		含小型菜市场、再生资源回收点		
		小计			1000				
社区管理服务	5	社区服务中心			160		1000~3000户/处		
	6	社区居民委员会			190		1000~3000户/处		
	7	物业管理用房			100		可包括房管、维修、绿化、环卫、保安、家政服务、社区治安管理自动化监控等		
		小计			450				

续表

类别	序号	项目名称	千人指标		一般规模		配置规定	服务规模（万人/处）	备注
			建筑面积（平方米）	用地面积（平方米）	建筑面积（平方米/处）	用地面积（平方米/处）			
交通	8	存自行车处					按每户存自行车2辆、每车建筑面积1.5平方米设置		可利用地下室存车，分散设置
交通	9	居民汽车场库					0.4～1.4车位/户。含居民汽车场库0.3～1.3车位/户，社会停车场库0.1车位/户		宜作地下车库。 社会停车场库根据规划布局确定，可独立区域，也可与居民汽车场库结合，设于地上或地下
交通	小计								
市政公用	10	配电室			120		独立设置:10万平方米设一处，建筑面积120平方米。 箱式:2万～3万平方米设一处，建筑面积6平方米		区分不同情况，酌情安排，鼓励采用用地面积较小的方式。可结合其他配套设施综合设置
市政公用	11	有线电视光电转换间					100户设一处，建筑面积4平方米，可不单独占地		
市政公用	12	垃圾分类投放站				6	用地面积6～8平方米/100户		仅用于放置垃圾分类收集设施
市政公用	小计				120	6			
总计					2670	2006			

北京市居住公共服务设施规划设计指标

表四 （居住建设项目）

类别	序号	项目名称	千人指标		一般规模		配置规定	服务规模（万人/处）	备注
			建筑面积（平方米）	用地面积（平方米）	建筑面积（平方米/处）	用地面积（平方米/处）			
医疗卫生	1	社区卫生服务站			50				
		小计			50				
文化体育	2	文体活动站			200		可包括青少年活动，老人活动（不小于50平方米）、文化康乐、图书阅览等设施		
	3	综合文体活动场地				500			
		小计			200	500			
商业服务	4	商业服务			100		含再生资源回收点		
		小计			100				
社区管理服务	5	社区居民委员会			90				
	6	物业管理用房			50		可包括房管、维修、绿化、环卫、保字、家政服务、社区治安管理自动化监控等		
		小计			140				
交通	7	存自行车处					按每户存自行车2辆、每车建筑面积1.5平方米设置		可利用地下室存车，分散设置

续表

类别	序号	项目名称	千人指标		一般规模		配置规定	服务规模（万人/处）	备注
			建筑面积（平方米）	用地面积（平方米）	建筑面积（平方米/处）	用地面积（平方米/处）			
交通	8	居民汽车场库					0.4～1.4车位/户。含居民汽车场库0.3～1.3车位/户，社会停车场库0.1车位/户		宜作地下车库。 社会停车场库根据规划布局确定，可独立区域，也可与居民汽车场库结合，设于地上或地下
	小计								
市政公用	9	配电室			6		箱式：2万～3万平方米设一处，建筑面积6平方米		鼓励采用用地面积较小的方式。可结合其他配套设施综合设置
	10	有线电视光电转换间					100户设一处，建筑面积4平方米，可不单独占地		
	11	垃圾分类投放站				6	用地面积6～8平方米/100户		仅用于放置垃圾分类收集设施
	小计				6	6			
总计					496	506			

附录3　石景山区新建改建居住区公共服务和市政基础配套设施建设管理暂行办法

第一章　总则

第一条　为进一步加强我区新建、改建居住区公共服务和市政基础配套设施(以下简称“居住区配套设施”)的建设管理工作,整合优化配套设施资源,提高配套设施建设管理水平,根据《北京市新建商品住宅小区住宅与市政公用基础设施、公共服务设施同步交付使用管理暂行办法》(京建法〔2007〕99号)、《北京市居住公共服务设施规划设计指标》(市规发〔2006〕384号)和《北京市商品房预售资金管理暂行办法》(京建发〔2010〕612号)等文件精神,特制定本办法。

第二条　凡在本行政辖区内建设的居住项目(含商品房项目、政策性住房项目、企业集资建房项目),其配套设施的审核备案、建设管理、交付使用及资源整合等,适用本办法。

第二章　组织机构

第三条　成立石景山区居住区配套设施建设管理领导小组(以下简称“领导小组”)。领导小组组长由区领导担任,领导小组成员包括区发展改革委、区住房城乡建设委、区市政市容委、规划分局、国土分局、区教委、区文化委、区商务委、区民政局、区卫生局、区社会办、区园林绿化局、区环卫中心、区财政局、区监察局、工商分局、公安分局、各街道办事处、西区邮电局、石景山供电公司等部门主要领导。

领导小组下设办公室,办公室设在区住房城乡建设委。领导小组办公室工作职责:

(一)牵头组织居住区配套设施建设管理联席会议(即领导小组会议);

(二)组织居住项目配套设施检查;

（三）开展配套设施建设管理日常协调等工作；

（四）完成领导小组交办的其他工作。

第四条　领导小组办公室定期组织领导小组成员部门召开居住区配套设施建设管理联席会议，研究审定居住项目配套设施设计方案和配建规模，确定配套设施建设时序和交付使用条件，协调解决配套设施检查、交付、使用问题，制定居住区配套设施资源整合优化方案等。

联席会议建立联系人制度，由各组成部门确定一名业务能力强的工作人员为固定联系人，具体落实联席会议决定和相关工作任务。

第三章　审核备案

第五条　本行政辖区内新建改建居住项目，应在规划方案审批阶段，由项目建设单位持以下材料向领导小组办公室申请召开配套设施建设管理联席会：

（一）土地出让合同或相关土地手续；

（二）立项批复；

（三）规划意见书；

（四）报规划部门审查的建设工程设计方案；

（五）大市政咨询方案；

（六）与项目有关的其他材料。

第六条　在取得根据联席会议纪要批复的规划复函后，项目建设单位应编制项目建设方案并报区住房城乡建设委备案。为确保配套设施与住宅同步设计、同步建设、同步交付使用，项目建设方案应明确以下内容：

（一）项目基本情况、分期建设安排及配套设施内容；

（二）配套设施的建设时序，其中：教育、医疗卫生、社区管理服务等公共服务设施，应当在住宅总规模完成50%之前同步建设、同步交付使用；其他公共服务设施应当在住宅总规模完成80%之前同步建设、同步交付使用；

（三）能够保证住宅与配套设施同步建设、同步交付使用的工程招投标、开工建设和竣工验收计划。

第七条　项目建设方案备案后应在北京市住房城乡建设委网站公示，并在住宅销售时作为合同附件。相关部门应严格按照项目建设方案中确定的建设时序，为项目建设单位办理规划许可、工程招投标、施工许可、预售许可等各项手续。

第四章　建设管理

第八条　项目建设单位应按照项目建设方案中确定的建设时序，按时开工建设项目配套设施，并与住宅建设同步完成。项目建设期间，项目建设单位应接受配套设施接收（或管理）部门的检查和指导。

第九条　领导小组办公室应定期组织有关部门对已开工建设的居住项目进行配套设施日常联合检查，并向领导小组和相关部门报告居住项目配套设施建设情况。

（一）凡未完成当期配套设施建设任务的项目，由区住房城乡建设委约谈项目建设单位，并责令其整改，建设单位于整改完成前申请使用监管资金的，不予批准；

（二）对不按要求整改的建设单位，相关部门不予办理规划验收和竣工验收备案等手续，并暂停办理该项目剩余单体工程招投标、施工许可证等审批手续，将不良经营行为记录在开发企业信用信息系统；

（三）对由于配套设施建设滞后产生严重后果的建设单位，应通报区政府有关职能部门依法处理，并由区住房城乡建设委向市建设行政主管部门申请降低或取消开发企业资质；

（四）开发项目住宅建设完成后，应建配套设施仍未建设的，区住房城乡建设委应书面通知监管银行暂停拨付预售资金专用账户内的全部预售资金，同时可向市住房城乡建设委和项目监管银行申请强制使用预售监管资金用于该项目配套设施建设；

（五）项目建设单位弄虚作假交付使用并涉嫌犯罪的，应移交公安检察机关进行查处。

第十条　项目建设单位取得《项目建设方案备案表》后3个月内，应与配套设施使用管理单位签订《石景山区居住区配套设施建设移交管理协议书》，根据相关文件要求，对建设标准、移交内容和费用、投入使用时间及双方权利义务等予以约定。

第十一条　建立居住项目配套设施综合检查制度。在居住项目规划验收前，领导小组办公室应当组织相关部门对配套设施进行综合检查，项目建设单位应主动提供以下材料：

（一）项目建设方案；

（二）规划许可证；

（三）配套设施建设移交管理协议书；

（四）配套设施施工图纸；

（五）与项目有关的其他材料。

领导小组办公室应根据配套设施检查情况，出具《××项目配套设施综合检查意见书》并告知规划主管部门。

第五章　交付使用

第十二条　项目建设单位取得《建设工程竣工验收备案表》后，应根据已签订的《石景山区居住区配套设施建设移交管理协议书》，于60日内完成配套设施移交工作。项目建设单位应持《配套设施交接单》并报区住房城乡建设委后，办理项目初始登记。

对不按照《石景山区居住区配套设施建设移交管理协议书》移交配套设施的建设单位，参照本办法第九条予以处理。

第十三条　各配套设施接收部门应根据项目建设方案和配套设施建设移交管理协议书，提前落实购买资金和装修资金，制定投入使用计划，督促项目建设单位按期限、按标准移交配套设施。

第十四条　配套设施投入使用应履行以下时间要求：

（一）幼儿园、学校等教育配套设施，应在移交后第一个招生季投入使用；

（二）市政道路、园林绿化、燃气、供水、排水、电力、环卫等居住区配套市政设施，原则上应与居住区建设同步完成、同步交付使用；

（三）配套商业服务用房（除菜市场外）应在项目整体竣工后及早投入使用；

（四）其他配套设施，原则上应在移交后3个月内投入使用。

第十五条　各单位应严格按照规划用途使用配套设施，政府职能部门应当对配套设施使用情况加强监督管理：

（一）对于以配套设施为经营场所的经营主体，工商行政管理部门应加强对其经营场所的审查，对不按规划用途使用配套设施的经营主体不予登记注册，对于违规使用配套设施的经营主体，依法予以查处；

（二）对于不按照规划用途使用配套设施的单位，政府职能部门应责令其限期整改；

（三）监察部门应监督各政府部门履行监督管理职责，确保配套设施按照规划用途使用。

第六章　资源整合

第十六条　领导小组办公室应定期组织领导小组成员部门,对一定区域内未启动居住项目的重点配套设施资源进行优化整合,并于土地供应时在土地出让合同或有关文件中明确配套设施内容及与住宅同步建设完成等要求。

第十七条　领导小组办公室应结合配套设施资源整合要求,组织相关部门对规模较小的多个相邻居住项目配套设施内容和指标进行研究整合,提出适度集中配建、提高等级配建的配套设施资源整合方案,经配套设施联席会议审议通过后予以实施。

第七章　附则

第十八条　本办法由石景山区住房城乡建设委负责解释。

第十九条　本办法自2011年8月1日起施行。2011年8月1日以后立项的居住项目严格执行本办法,2011年8月1日前已立项尚未完成竣工验收的居住项目参照本办法执行。

附件一:新建居住区部分配套设施新确定指标(补充2006年北京市指标)

附件二:项目建设方案备案登记表(样表)

附件三:石景山区居住区配套设施建设移交协议书(样本)

附件四:项目配套设施综合检查意见书

附件五:项目配套设施交接单

附件一

新建居住区部分配套设施新确定指标

序号	配套设施名称	配建规模指标	有关依据
医疗卫生			
1	社区卫生服务中心	服务人口规模4.5万至6万，业务用房建筑面积应达到3500平方米左右；服务人口规模2.5万至4.5万，业务用房建筑面积应达到2500平方米左右；服务人口规模小于2.5万，业务用房建筑面积不应小于1500平方米。	北京市人民政府关于统筹城乡卫生事业发展进一步加强社区卫生服务工作的意见（京政发［2005］24号）
2	社区卫生服务站	服务人口规模1万至1.5万，业务用房建筑面积应达到350平方米（含）以上；服务人口规模0.5万至1万，业务用房建筑面积应达到250平方米（含）以上；服务人口规模小于0.5万，业务用房建筑面积不应小于120平方米（含）。	
社区服务			
3	社区居委会社区服务中心	每个社区配有集社区居委会办公和开展社区服务为一体的350平方米的用房。（采取新建、改扩建、购买以及落实配建指标、资源整合利用等多种方式，使试点社区的办公和服务用房达到350平方米左右。其中，社区服务站工作和服务用房相对独立使用，“一门式”服务用房面积不低于50平方米，其所在地应交通便利，居民居住相对集中，服务半径合理，便于服务开展和居民办事。）	《北京市“十一五”时期城市社区发展规划》；关于转发《关于进一步推进社区规范化建设试点工作的实施方案》的通知（京社领办发〔2010〕3号）
4	物业服务用房（内含业主委员会用房）	物业服务用房建筑面积不低于150平方米（内含业主委员会用房），其中地上房屋不得低于100平方米，业主大会及业主委员会办公用房建筑面积30～60平方米。	北京市物业管理办法（北京市人民政府令第219号）

附件二

项目建设方案备案登记表(样表)

编号:石景山(××××)×号

项目名称			
开发企业名称			
规划批准文件			
项目地址			
联系人		电　话	

本项目《建设方案》已按照《北京市新建商品住宅小区住宅与市政基础设施、公共服务设施同步交付使用管理暂行办法》(京建法[2007]99 号)相关规定备案登记,并作为开发企业市场业绩予以记录。

石景山区住房和城乡建设委员会

(备案专用章)

年　月　日

说明	1. 开发企业持此表办理招标手续(招标备案)。 2. 建设方案中有关配套进度安排等实质内容发生变更,须到原备案机构办理变更手续。 3. 开发企业应当依据《建设方案》组织施工,保证住宅与市政基础设施、公共服务设施同步交付使用。 4. 开发企业应将该项目建设方案在售楼场所的明显位置进行公示。

附件三

石景山区居住区配套设施建设移交管理协议书

（样本）

编号:石景山(20××)×-××号

甲方(接收单位):

乙方(建设单位):

一、乙方在我区建设的__________________项目,位于石景山区_______地区,东至_______、南至_______、西至_______、北至_______。该项目总建筑面积_______平方米,其中住宅为_______平方米,规划居住人口为_______户_______人,分_______期建设完成。该项目已取得规划方案复函(编号:_______),并办理了项目建设方案备案(备案编号:_______)和公示,公共服务配套设施应按照以上文件要求进行建设。

二、乙方同意,待该项目中_______(约_______平方米)、_______(约_______平方米)、_______(约_______平方米)等公共服务配套设施完成竣工验收后三个月内移交甲方管理使用。

三、甲、乙双方对以下事宜达成一致:

1. ____

2. ____

3. ____

四、第二款中配套设施的设计方案(见附件)已经甲方认可。在施工期间,甲方应对工程进度进行督促检查。

五、乙方负责第二款中配套设施的施工及一切费用。

六、第二款中配套设施竣工前,乙方应向领导小组办公室(区住房城乡建设委)申请配套设施综合检查。检查通过后,方可组织规划验收、竣工验收并办理相关备案手续。

七、第二款中配套设施完成竣工验收后三个月内,乙方应按照本协议要求,及时向甲方移交管理使用权,并移交设计图纸等相关资料,并由甲方按照规划用途尽快投入使用,为社区居民提供服务。

八、本协议未尽事宜由甲、乙两方另行协商。

九、本协议一式三份,甲、乙两方各持一份,报送区居住区配套建设管理领导小组办公室一份备案。

附件:有关配套设施设计方案

甲方:(盖章)	乙方:(盖章)
经办人:	经办人:
电　话:	电　话:
年　月　日	年　月　日

附件四

________项目配套设施综合检查意见书

编号:(. ×××)×××号

<table>
<tr><td>检查内容</td><td colspan="2">主要控制指标</td><td colspan="2">检查意见</td></tr>
<tr><td>1.</td><td>面积　平方米</td><td>符合设计方案</td><td colspan="2" rowspan="8"></td></tr>
<tr><td>2.</td><td>面积　平方米</td><td>符合设计方案</td></tr>
<tr><td>3.</td><td>面积　平方米</td><td>符合设计方案</td></tr>
<tr><td>4.</td><td>面积　平方米</td><td>符合设计方案</td></tr>
<tr><td>5.</td><td>面积　平方米</td><td>符合设计方案</td></tr>
<tr><td>6.</td><td>面积　平方米</td><td>符合设计方案</td></tr>
<tr><td>7.</td><td>面积　平方米</td><td>符合设计方案</td></tr>
<tr><td>8.</td><td>面积　平方米</td><td>符合设计方案</td></tr>
<tr><td>检查地点</td><td colspan="2"></td><td>检查时间</td><td></td></tr>
<tr><td rowspan="4">检查单位</td><td colspan="2"></td><td>检查人签字</td><td></td></tr>
<tr><td colspan="2"></td><td>检查人签字</td><td></td></tr>
<tr><td colspan="2"></td><td>检查人签字</td><td></td></tr>
<tr><td colspan="2"></td><td>检查人签字</td><td></td></tr>
<tr><td rowspan="2">检查单位</td><td colspan="2"></td><td>检查人签字</td><td></td></tr>
<tr><td colspan="2"></td><td>检查人签字</td><td></td></tr>
<tr><td>领导小组
办公室意见</td><td colspan="4">（盖　章）
年　月　日</td></tr>
<tr><td>备注</td><td colspan="4">1.
2.</td></tr>
</table>

附件五

_______________项目配套设施交接单

移交事项	数量(或面积)	备注
1.		
2.		
3.		
4.		
5.		
6.		
7.		
8.		

移交地点	
移交时间	
移交人 (公章)	相关财物全部移交,同意由接收人管理使用。 经办人:
接收人 (公章)	所移交配套设施及相关财物齐全、完好,具备使用条件。 经办人:

其他约定事宜:

1.

2.

3.

附录4　顺义区居住小区公共服务设施建设和管理工作的有关规定（试行）

为加强我区居住小区公共服务设施管理，确保公共服务设施按标准规划设计、与住宅同步建设及交付使用，满足居民的日常生活需求，根据《房屋登记办法》（建设部令第168号）、《北京市禁止违法建设若干规定》（市政府令第228号）、《北京市人民政府关于修改北京市社区居民委员会办公用房管理若干规定的决定》（市政府令第169号）、《北京市规划委员会关于印发北京市居住公共服务设施规划设计指标的通知》（市规发〔2006〕384号，以下简称《设计指标》）、北京市住房城乡建设委等三部门《关于印发北京市新建商品住宅小区住宅与市政公用基础设施、公共服务设施同步交付使用管理暂行办法的通知》（京建法〔2007〕99号，以下简称《暂行办法》）、《北京市教育委员会关于印发北京市中小学校办学条件标准细则（修订）的通知》（京教基〔2009〕25号）、北京市教育委员会等六部门《关于加强居住区配套幼儿园规划建设和管理的意见》（京教学前〔2011〕8号）、北京市水务局等三部门《关于加强建设项目节约用水设施管理的通知》（京水务节〔2005〕29号）等文件，结合本区实际，制定本规定。

一、适用范围

本规定适用于本行政区域内新建或改（扩）建的所有居住小区公共服务设施的建设和管理。

二、居住小区公共服务设施设置标准

根据《设计指标》的相关规定，居住小区公共服务设施按性质分为：教育、医疗卫生、文化体育、商业服务、社区管理服务、社会福利、交通和市政公用等八类,其设置标准依据《设计指标》进行设置。《设计指标》是居住小区公共服务设施设置的最低标准,新建或改(扩)建的居住小区除执行《设计指标》外,还应当根据本区的实际情况,参照国家、本市、本区现行相关行业标准和规定进行规划设计。居住小区公共服务设施主要包括:

教育设施:幼儿园、小学、初中、高中;

医疗卫生设施:社区卫生服务中心、社区卫生服务站;

文化体育设施:室内文体活动中心、室外文体活动场;

商业服务设施:菜市场、再生资源回收站、其他商业服务设施;

社区管理服务设施:社区服务中心(站)、社区居委会办公用房、物业管理用房、业主委员会办公用房、警务工作站;

社会福利设施:托老所、老年活动场(站)、残疾人康复托养所;

交通设施:公交首末站、换乘中心、候车亭、出租汽车站、存自行车处、居民汽车场库;

市政公用设施:邮政局(所)、邮政信报箱、开闭站(所)、配电室、燃气调压站、有线电视光电转换机房、电信机房、移动通信设施、密闭式清洁站、公厕、垃圾分类投放站、锅炉房、热交换站、污水处理及再生水(中水)回用设施、雨水收集利用设施。

除上述已明确的公共服务设施外,随着居民生活需求的不断变化,需新增的公共服务设施将逐步纳入居住小区规划建设范畴。

三、组织机构

成立由主管副区长任组长,区发展改革委、区住房城乡建设委、区财政局、市规划委顺义分局、市国土局顺义分局等部门行政正职任副组长的居住小区公共服务设施建设和管理工作领导小组(以下简称"领导小组"),成员为区发展改革委、区住房城乡建设委、区教委、区市政市容委、区商务委、区文化委、区社会办、区政府法制办、区监察局、区财政局、区环保局、区交通局、区水务局、区民防局、区园林绿化局、区卫生局、区民政局、区体育局、区审计局、区邮政局、区城管监察大队、市规划委顺义分局、市国土局顺义分局、区残联、顺义供电公司、区自来水公司、区燃气公司、歌华有线顺义分公司、供热单位以及项目所在地街道办事处或镇政府的主管副职。领导小组负责居住小区公共服务设施建设规模确定、修建性详细规划方案审查、竣工验收及移交工作的全过程监督和总协调,具体工作由区住房城乡建设委负责牵头实施。

四、工作机制

(一)居住小区公共服务设施的规划设计

1. 住宅项目用地上市交易、划拨或协议出让之前,由区政府组织召开专题会研究确定规划条件。区发展改革委、区住房城乡建设委、区教委、区市政市容委、区商务委、区文化委、区社会办、区环保局、区交通局、区水务局、区民防局、区园林绿化局、区卫生局、区民政局、区体育局、区邮政局、市规划委顺义分局、市国土局顺义分局等相关部门参加,共同确定公共服务设施建设指标及移交方式,并形成会议纪要。

2. 市规划委顺义分局负责依据会议纪要内容出具确定居住小区公共服务设施建设规模的意见,与规划意见书一并作为土地上市交易、划拨或协议出让的规划设计条件。

3. 市国土局顺义分局负责将规划意见书、居住小区公共服务设施建设规模的意见及公共服务设施的移交方式一并作为土地上市交易、划拨或协议出让的前提条件,告知土地购买者,并在土地划拨或出让协议中予以约定。

4. 居住小区规划设计完成后,由市规划委顺义分局会同区发展改革委、区住房城乡建设委、区教委、区市政市容委、区商务委、区文化委、区社会办、区环保局、区交通局、区水务局、区民防局、区园林绿化局、区卫生局、区民政局、区体育局、区邮政局、市规划委顺义分局、市国土局顺义分局等相关部门对居住小区修建性详细规划方案进行审查。

5. 居住小区修建性详细规划方案经过批准后,由房地产开发企业报区住房城乡建设委备案,并与区住房城乡建设委签订建设协议,对公共服务设施的建设内容及工期进行约定。

(二)居住小区公共服务设施的建设管理

由区住房城乡建设委、市规划委顺义分局及市国土局顺义分局负责,按照《暂行办法》的有关规定，对居住小区公共服务设施的建设进行监督管理。房地产开发企业须严格按照市规划委顺义分局审批的修建性详细规划方案建设居住小区公共服务设施，并与住宅同步交付使用。对于未按要求进行公共服务设施建设的项目，区住房城乡建设委应对项目开发单位依法进行查处。

（三）居住小区公共服务设施的竣工验收

1. 规划验收

由市规划委顺义分局负责，会同区城管监察大队、项目所在地街道办事处或镇政府对居住小区公共服务设施进行规划验收。规划验收合格后，项目所在地街道办事处或镇政府负责小区内违法建设的日常管理，应做到及时发现、及时制止、及时上报、立即拆除；对于拆除难度大的违法建设，可向区城管监察大队等相关执法部门提出申请，依法进行查处。

2. 竣工验收

由区住房城乡建设委负责，会同区教委、区商务委、区文化委、区社会办、区卫生局、区水务局、区体育局、区邮政局、顺义供电公司、区自来水公司、区燃气公司、歌华有线顺义分公司、供热单位等相关单位及项目所在地街道办事处或镇政府，对居住小区公共服务设施进行竣工验收。竣工验收合格后，房地产开发企业与各接收单位办理移交手续。公共服务设施移交完毕后，区住房城乡建设委方可办理其住宅部分的竣工验收备案。分期开发的项目，其公共服务设施应满足以下条件方可办理其住宅部分的竣工验收备案：教育、医疗卫生、社区管理服务等公共服务设施应当在住宅总规模完成50%之前同步建设及交付使用；其他公共服务设施应当在住宅总规模完成80%之前同步建设及交付使用。

（四）居住小区公共服务设施的权属管理

居住小区公共服务设施竣工验收备案后，房地产开发企业应申请房屋所有权初始登记，并对建筑区划内依法属于全体业主共有的公共场所、公用设施和物业服务用房等房屋一并申请登记，由区住房城乡建设委在房屋登记簿上予以记载，不颁发房屋权属证书。涉及房屋产权移交的公共服务设施，应依法办理房屋权属转移登记手续。

（五）居住小区公共服务设施的移交

居住小区公共服务设施竣工验收备案后，房地产开发企业应当依法将公共服务设施移交给接收单位,并办理交接手续。区住房城乡建设委负责监督、协调移交工作。任何单位和个人不得擅自改变公共服务设施的使用性质,不得挪作他用。具体移交方式如下:

1. 无偿移交

(1)幼儿园、小学、初中、高中应无偿移交给区教委使用管理。

(2)社区卫生服务中心、社区卫生服务站应无偿移交给区卫生局使用管理。

(3)居委会办公用房、社区服务中心(站)、业主委员会办公用房、警务工作站、室内文体活动中心、室外文体活动场、托老所、老年活动场(站)、残疾人康复托养所应无偿移交给项目所在地街道办事处或镇政府使用管理。居委会办公用房、社区服务中心(站)、业主委员会办公用房、托老所、老年活动场(站)的功能设置、设施配备与运营管理等工作由区社会办、区民政局负责监督指导;警务工作站的功能设置、设施配备与运营管理等工作由市公安局顺义分局负责监督指导;室内文体活动中心、室外文体活动场的功能设置、设施配备与运营管理等工作由区文化委和区体育局负责监督指导;残疾人康复托养所的功能设置、设施配备与运营管理等工作由区残联负责监督指导。

(4)物业管理用房、存自行车处、公厕、密闭式清洁站、垃圾分类投放站、污水处理及再生水(中水)回用设施、雨水收集利用设施应无偿移交给居住区物业服务企业使用管理,污水处理及再生水(中水)回用设施、雨水收集利用设施的运行管理工作由区水务局负责监督指导。

(5)邮政信报箱总门钥匙应无偿移交给区邮政局使用。

(6)菜市场、再生资源回收站应无偿移交给区商务委指定的运营机构使用管理;其他商业服务设施由房地产开发企业按照区商务委确定的业态自行经营,由区商务委负责监督管理。

2. 按成本价移交

(1)邮政局(所)应按成本价移交给区邮政局使用管理。

(2)电信机房应按成本价移交给电信运营商使用管理。

(六)居住小区公共服务设施的使用和管理

居住小区公共服务设施由接收单位使用和管理,其内装修费用、设备安装费用、水、电、燃气、供暖、物业管理、运营及维护等费用全部由接收单位负责,涉及使用各级财政资金的单位,按原资金渠道解决。居住小区所在街道办事处或镇政府应结合实际情况及居民满意度评价,对相关单位进行督导。

五、监督管理

各相关单位须按上述各项规定认真履行职责。区监察局负责对以上各相关责任单位在居住小区公共服务设施规划、建设、移交过程中的履职情况进行监督。区审计局负责对需要审计的项目或单位依法实施审计。

六、本规定自2011年11月1日起施行

附录5 社区可享用体育设施调查表1—基本信息调查表

社区服务站负责人姓名：　　　　　社区服务站负责人电话：

社区联系人姓名：　　　　　社区联系人电话：

社区服务站地址：

<table>
<tr><td>社区名称</td><td colspan="6">________区(县)________街道________社区</td></tr>
<tr><td>四至方位</td><td colspan="6"></td></tr>
<tr><td>贴社区方位简图</td><td colspan="6"></td></tr>
<tr><td>辖区面积
(平方米)</td><td></td><td>社区常住
户数(户)</td><td></td><td>社区常住人
口数(千人)</td><td></td><td>社区住宅建筑总面
积(平方米)</td></tr>
<tr><td>包含主要小区
及其建设年代</td><td colspan="6"></td></tr>
</table>

附录 6　社区可享用体育设施调查表 2—街道与社区居委会所属体育设施调查表

（所属：包括所有、所用、所管三种情况）

<table>
<tr><td colspan="2">社区名称</td><td colspan="8"></td></tr>
<tr><td rowspan="6">室外体育设施</td><td>体育设施名称</td><td>项目数量</td><td>场地占地面积（平方米）</td><td>设施最近更新时间</td><td>是否对外开放</td><td>设施是否收费</td><td>盈利情况</td><td>设施收费标准</td><td>管理、维护经费来源</td></tr>
<tr><td></td><td></td><td></td><td></td><td></td><td></td><td></td><td></td><td rowspan="5">办公经费（　）
服务收费（　）
政府拨款（　）
社会筹集（　）
企业资助（　）
其他：</td></tr>
<tr><td></td><td></td><td></td><td></td><td></td><td></td><td></td><td></td></tr>
<tr><td></td><td></td><td></td><td></td><td></td><td></td><td></td><td></td></tr>
<tr><td></td><td></td><td></td><td></td><td></td><td></td><td></td><td></td></tr>
<tr><td></td><td></td><td></td><td></td><td></td><td></td><td></td><td></td></tr>
<tr><td rowspan="9">室内体育设施</td><td>体育设施名称</td><td>项目数量</td><td>房屋建筑面积（平方米）</td><td>设施最近更新时间</td><td>是否对外开放</td><td>设施是否收费</td><td>盈利情况</td><td>设施收费标准</td><td>管理、维护经费来源</td></tr>
<tr><td></td><td></td><td rowspan="8"></td><td></td><td></td><td></td><td></td><td></td><td rowspan="8">办公经费（　）
服务收费（　）
政府拨款（　）
社会筹集（　）
企业资助（　）
其他：</td></tr>
<tr><td></td><td></td><td></td><td></td><td></td><td></td><td></td></tr>
<tr><td></td><td></td><td></td><td></td><td></td><td></td><td></td></tr>
<tr><td></td><td></td><td></td><td></td><td></td><td></td><td></td></tr>
<tr><td></td><td></td><td></td><td></td><td></td><td></td><td></td></tr>
<tr><td></td><td></td><td></td><td></td><td></td><td></td><td></td></tr>
<tr><td></td><td></td><td></td><td></td><td></td><td></td><td></td></tr>
<tr><td></td><td></td><td></td><td></td><td></td><td></td><td></td></tr>
</table>

说明：室外体育设施名称指活动场地、专业运动场、足球场、羽毛球场等；室内体育设施指健身房、棋牌室、乒乓球室、游泳池等。

附录7 社区可享用体育设施调查表3—居住区配套建设体育设施调查表

<table>
<tr><td>社区名称</td><td colspan="9"></td></tr>
<tr><td rowspan="13">室外体育设施（不含健身路径）</td><td>体育设施名称</td><td>项目数量</td><td>场地占地面积（平方米）</td><td>设施最近更新时间</td><td>是否对外开放</td><td>设施是否收费</td><td>盈利情况</td><td>设施收费标准</td><td>管理、维护经费来源</td></tr>
<tr><td></td><td></td><td></td><td></td><td></td><td></td><td></td><td></td><td rowspan="12">办公经费（ ）
服务收费（ ）
政府拨款（ ）
社会筹集（ ）
企业资助（ ）
其他：</td></tr>
<tr><td></td><td></td><td></td><td></td><td></td><td></td><td></td><td></td></tr>
<tr><td></td><td></td><td></td><td></td><td></td><td></td><td></td><td></td></tr>
<tr><td></td><td></td><td></td><td></td><td></td><td></td><td></td><td></td></tr>
<tr><td></td><td></td><td></td><td></td><td></td><td></td><td></td><td></td></tr>
<tr><td></td><td></td><td></td><td></td><td></td><td></td><td></td><td></td></tr>
<tr><td></td><td></td><td></td><td></td><td></td><td></td><td></td><td></td></tr>
<tr><td></td><td></td><td></td><td></td><td></td><td></td><td></td><td></td></tr>
<tr><td></td><td></td><td></td><td></td><td></td><td></td><td></td><td></td></tr>
<tr><td></td><td></td><td></td><td></td><td></td><td></td><td></td><td></td></tr>
<tr><td></td><td></td><td></td><td></td><td></td><td></td><td></td><td></td></tr>
<tr><td></td><td></td><td></td><td></td><td></td><td></td><td></td><td></td></tr>
</table>

说明：室外体育设施名称指活动场地、专业运动场、足球场、羽毛球场等；盈利情况填“盈利”“亏损”“盈亏平衡”之一。

续表

	体育设施名称	项目数量	房屋建筑面积（平方米）	设施最近更新时间	是否对外开放	设施是否收费	盈利情况	设施收费标准	管理、维护经费来源
室内非会所体育设施									办公经费（ ） 服务收费（ ） 政府拨款（ ） 社会筹集（ ） 企业资助（ ） 其他：

说明：室内体育设施指健身房、棋牌室、乒乓球室、游泳池等；
盈利情况填“盈利”“亏损”“盈亏平衡”之一。

<table>
<tr><td colspan="4">社区名称：</td><td colspan="3">居住区名称：</td></tr>
<tr><td colspan="7">会所名称：</td></tr>
<tr><td rowspan="13">会所体育设施</td><td>具体项目名称</td><td>具体数量</td><td>单项
收费标准</td><td>年卡费用标准
（元/年/卡）</td><td>盈利情况</td><td>房屋总建
筑面积（平方米）</td></tr>
<tr><td></td><td></td><td></td><td rowspan="12"></td><td rowspan="12"></td><td rowspan="12"></td></tr>
<tr><td></td><td></td><td></td></tr>
<tr><td></td><td></td><td></td></tr>
<tr><td></td><td></td><td></td></tr>
<tr><td></td><td></td><td></td></tr>
<tr><td></td><td></td><td></td></tr>
<tr><td></td><td></td><td></td></tr>
<tr><td></td><td></td><td></td></tr>
<tr><td></td><td></td><td></td></tr>
<tr><td></td><td></td><td></td></tr>
<tr><td></td><td></td><td></td></tr>
<tr><td></td><td></td><td></td></tr>
</table>

附录8 社区可享用体育设施调查表4—社区及周边公共体育设施调查表

	区县 街道 社区					
	设施名称	距主要居住区步行时间（分钟）	占地面积平方米	建筑面积平方米	场地面积平方米	是否对外开放
中央所属体育设施						
北京市级体育设施						
区县级体育设施						

调查组联系人及电话： 调查时间：

说明:1. 设施名称包括单位名称和项目名称,如北京理工大学田径场;

2. 中央所属体育设施距主要居住区的步行距离应在30分钟内,市属和区县所属在20分钟内。

附录9 社区可享用体育设施调查表5—社区体育设施配建意愿调查表

请您在选项后打“√”表示认可,或用序号表示优先情况

1. 您希望所在社区增加的设施或项目是( )(限选3项,把①、②、③写在选项后表示优先顺序)。

乒乓球( )足球( )篮球( )排球( )羽毛球( )网球( )

门球( )台球( )游泳( )健身房( )棋牌室( )户外健身场( )

其他__________

3. 您希望所在社区的体育设施服务经营模式是:

委托专业公司限价经营( ) 街道或社区直接提供限价服务( )

外包专业公司市场化经营( ) 其他__________

4. 您希望所在社区的体育设施建设方式应是:

集中建设有一定规模的综合体育服务中心( )

建设分散的体育设施( )

5. 您希望所在社区配建的体育设施未来权属归属是:

社区( ) 街道( ) 体育局( ) 其他__________

6. 如果需要改建与扩建现有设施,您希望的是( )(限选3项,把①、②、③写在选项后表示优先顺序)。

乒乓球( )足球( )篮球( )排球( )羽毛球( )网球( )

门球( )台球( )游泳( )健身房( )棋牌室( )户外健身场( )

其他__________

7. 如果增建、扩建或增加项目,您所在社区是否有房屋或场地:

(1)有足够法定用途的房屋或场地( )

(2)有法定用途的房屋或场地但不够( )

(3)没有法定用途的房屋或场地,现有房屋或场地属于临时性的(　)

8. 您认为下列场所是否适合设置便利性体育设施:

公园(　)　绿地(　)　河岸空地(　)　公共广场(　)

其他空闲场地(　)

9. 您认为社区建设配置体育设施的必经程序包括:

社区居委会提案(　)　相关居住区居民同意(　)　体育局支持(　)

规划等管理部门同意(　)　物业公司愿意免费维护(　)　其他__________

10. 其他需要说明的情况:

谢谢您的支持和配合!

首都经贸大学城市学院调查组

调查组负责人及电话:

调查时间:

附录 10 社区可享用体育设施调查表 6—社区体育设施配建方案表

______区(县)______ 街道______ 社区______

<table>
<tr><td colspan="2">社区体育设施配建联系人及电话</td><td></td></tr>
<tr><td>配建体育设施名称</td><td>设施配建数量</td><td>设施配建地点</td></tr>
<tr><td></td><td></td><td></td></tr>
<tr><td></td><td></td><td></td></tr>
<tr><td></td><td></td><td></td></tr>
<tr><td></td><td></td><td></td></tr>
<tr><td></td><td></td><td></td></tr>
<tr><td></td><td></td><td></td></tr>
<tr><td></td><td></td><td></td></tr>
<tr><td></td><td></td><td></td></tr>
<tr><td></td><td></td><td></td></tr>
<tr><td colspan="3">配建方式(请说明是新建、改、扩建、增加或更新设施,场地及设施维护;或与企业协议由企业提供设施服务)</td></tr>
<tr><td colspan="3"></td></tr>
<tr><td colspan="2">配建条件(场地、房屋情况、设施配置要求)</td><td></td></tr>
<tr><td colspan="2">设施配建场地、房屋的合法性</td><td></td></tr>
<tr><td>运营维护方式</td><td colspan="2"></td></tr>
<tr><td>运营维护费用来源</td><td colspan="2"></td></tr>
<tr><td>申请资金数额</td><td colspan="2"></td></tr>
<tr><td>项目实施的简要计划</td><td colspan="2"></td></tr>
<tr><td>需要协调的事项</td><td colspan="2"></td></tr>
<tr><td>备注</td><td colspan="2"></td></tr>
</table>

参考文献

[1] DAVIDC. Watt. Sports Management and Administratio[M]. E&FNSpon,1998.

[2] U. 5. Department of Health and Humanserviees. Healthy People 2000 Review1998—1999[M]. 2000.

[3]常媛媛. 北京城市社区体育设施现状研究[D]. 北京:首都体育学院,2008:6.

[4]陈新亚. 对社区体育设施构建的理性思考[J]. 安徽体育科技,2004(3).

[5]邓宏涛. 我国社区体育设施建设存在的问题及对策研究[J]. 科技创新导报,2009(31).

[6]杜建辉,张启明. 社区体育设施建设与社会体育发展[J]. 武汉化工学院学报,2005,27(6):92.

[7]国外社区体育面面观[N]. 人民日报,2006-11-8(016).

[8]何文璐,张文亮. "健康公民"的美国社区体育设施[J]. 环球体育市场,2009(4):2.

[9]郇昌店. 我国公共体育服务供给市场化运作方式研究[D]. 天津:天津体育学院,2008.

[10]黄兆生. 城市社区体育设施规划与设计策略研究——以重庆为例[D]. 重庆:重庆大学建筑城规学院,2010.

[11]李艾芳,李海娜,王冰冰. 居住社区体育设施规划设计的策略研究[J]. 北京工业大学学报,2007(2).

[12]李海娜. 城市社区体育设施规划设计研究[D]. 北京:北京工业大学,2006.

[13]林显鹏,刘云发. 国外社区体育中心的建设标准与运营管理研究——兼论我国体育场馆建设与发展思路[J]. 体育科学,2005(12).

[14]刘明生．公共服务背景下城市社会体育组织发展模式研究——以上海市为例[D]．上海:上海体育学院,2010.

[15]刘战红,李阳福．长沙市社区体育设施现状与对策[J]．长沙大学学报,2004,18(4).

[16]骆积强,方熙嫦．台湾社区体育现状的调查与研究[J]．武汉体育学院学报,2005,39(2).

[17]马英．社区体育设施发展建设探析[J]．哈尔滨建筑大学学报,2002,35(1).

[18]毛伟胜．浅析上海市社区体育的现状及其发展趋势[J]．上海电机技术高等专科学校学报,2001(3).

[19]上海市城市规划管理局．上海城市规划管理实践[M]．中国建筑工业出版社,2007.

[20]尚志强．试析影响我国社区全民健身体育发展的若干因素[J]．山西师大体育学院学报,2005(4).

[21]石磊．大连市社区体育设施现状及发展对策研究[D]．辽宁师范大学,2009.

[22]香港规划标准与准则,2005.

[23]谢晨,沈建华．由社区健身苑点引发的思考[J]．南京体育学院学报,2004(6)

[24]张吉慧,王剑．我国社区体育场地建设与社区体育的发展[J]．体育文化导刊,2007(6).

[25]郑皓怀．城市社区体育设施建设研究[D]．同济大学建筑与城市规划学院,2008:40-43.

[26]郑皓怀,钱锋．国外社区体育设施的发展建设初探[J]．建筑学报,2008(1).

[27]钟天朗．上海社区体育健身设施的建设与发展规划研究[J]．体育科研,2006(5).

[28]庄永达,陆亨伯．城市社区体育设施配套建设立法研究[J]．体育文化导刊,2005(7).

[29]中国体育咨询网．2006. 11. 23http://www. sportinfo. net. cn/show/title. asp? TID=20118.

重要术语索引表

地名索引表